AF311640

INSTRUCTION

CONCERNANT

LE SERVICE

DE

CAMPAGNE.

A METZ,

De l'Imprimerie de la Veuve de Brice Antoine,
Imprimeur du Roy, &c. sous les Arcades
de la Place d'Armes.

M. DCCXXXIII.
AVEC PERMISSION.

INSTRUCTION

CONCERNANT

LE SERVICE

DE CAMPAGNE.

ARTICLE PREMIER.

LES Bataillons faisant route, tant pour aller d'une Garnison à une autre, que pour se rendre à l'Armée, marcheront par Compagnie. Les Capitaines marcheront chacun à la tête de leur Compagnie. Chaque Lieutenant & Sous-Lieutenant à la queuë, le premier Sergent à l'aîle droite du premier rang, le second Sergent à l'aîle gauche du dernier rang ; les Officiers chargez des Drapeaux, les porteront à la tête de la neuviéme Compagnie ; les Tambours se partageront dans la premiere & la derniere Compagnie ; le Piquet

A ij

4

marchera à la queuë de chaque Bataillon , à moins que la Compagnie de Grenadiers ne se trouvât détachée ailleurs , alors le Piquet marchera à la tête.

Les Officiers , les Sergens & les Caporaux , contiendront les Soldats dans leur rang , & ils en feront responsables.

II. On commandera la veille des jours de marche un Capitaine , un Lieutenant , & deux Sergens par Bataillon pour le serrefile : Ils se disperseront le jour du départ, une demie heure avant le point du jour , aux passages qui leur feront indiquez par leur Major , par où les Soldats pourroient s'écarter , afin de les arrêter : Dés que leur Régiment ou Bataillon se fera mis en marche , ils le suivront en queuë pour faire serrer les traîneurs ; aprés néanmoins avoir foüillé les endroits où les Soldats pourroient s'être arrêtez , afin de les obliger à rejoindre.

On exécutera la même chose quand on marchera en Corps d'Armée.

III. Lors que chaque Régiment sera arrivé dans le Quartier le plus à portée du rendez-vous désigné pour former l'Armée dont il devra être , celuy qui le commandera donnera avis au General & à l'Intendant, de son arrivée, de la force du Régiment, du Lieu d'où il est party , & de celuy où il sera, afin que le General puisse luy adresser les Ordres necessaires , & que l'Intendant pourvoye à sa subsistance : Le Major du Régiment informera des mêmes choses le Major general.

IV. Quand un Régiment devra camper , on commandera pour le Campement un Officier-Major par Régiment, un Capitaine, un Lieutenant , trois Sergens & trois Caporaux par Bataillon. Les Sergens feront munis des cordeaux neceffaires pour marquer le Camp , les Sergens fe pourvoyeront de petites branches d'arbres nommées fiches, pour marquer le Camp.

V. Chaque Bataillon aura un cordeau de quarante-cinq toifes de long, valant quatre-vingt-dix pas , chaque pas évalué trois pieds : Cette diftance fera pour le front du Camp de chaque Bataillon, non compris le grand intervalle qu'on prendra fur la gauche, lequel aura vingt pas de largeur ; ainfi la diftance ordinaire pour le Camp d'un Bataillon compofé de dix-fept Compagnies , fera fixé avec fon intervalle à cent dix pas.

On marquera fur ce cordeau , la place de la fourche de la premiere Tente de chaque Compagnie , en donnant fix pas d'efpace de la fourche de la Tente de la Compagnie des Grenadiers, à celle de la Colonelle ; enfuite trois pas d'efpace de la fourche de la Tente de chaque Compagnie , du côté des petites ruës, & huit pas du côté des grandes ; On prendra un pas , valant trois pieds , des deux côtez de la fourche de chaque Tente , pour marquer les places des encoigneures ; de forte que la ruë de la Compagnie Colonelle aura quatre pas de largeur , les grandes ruës des autres Compagnies fix pas,

& les petites un pas ; de cette façon la Compagnie de Grenadiers & la derniere feront face en dehors, l'une à la droite, l'autre à la gauche.

Comme les Tentes de l'Infanterie ne font pas toûjours égales, s'il arrive que quelque Régiment ne puiſſe pas placer dans la petite ruë, le cul de lampe de ſes Tentes à cauſe de leur grandeur, alors on prendra un pied de chaque côté dans la grande ruë.

VI. Il y aura un autre cordeau de huit toiſes & demy de long, pour marquer la place des ſix Tentes que chaque Compagnie peut avoir preſentement: Comme ce cordeau doit s'alligner ſur les encoigneures de la premiere & de la derniere Tente de chaque Compagnie, auſquelles il faut laiſſer la place neceſſaire pour les tendre, & celle de leur petit intervale, on fera marquer la place de la fourche de la ſeconde Tente à quatre pas de la tête du cordeau, & celles des troiſiéme, quatriéme & cinquiéme Tentes, à trois pas de diſtance de l'une à l'autre : il reſtera quatre pas au dernier bout ; au moyen dequoy chaque Tente aura un pas d'intervale de l'une à l'autre.

VII. On aura encore un petit cordeau de cinq toiſes de long, pour marquer la diſtance des Faiſceaux des Armes au front de bandiere.

Les places des Cuiſines ſeront marquées à dix pas du fond du Bataillon ; celles des Tentes des Tambours & des Vivandiers, à dix des Cuiſines ; celles des Tentes des Officiers ſubal-

ternes, à quinze pas de celles des Vivandiers ;
celles des Capitaines, à vingt pas de celles des
Subalternes, & celles du Colonel, du Lieutenant-Colonel, du Commandant de Bataillon
& du Major, à vingt-cinq pas de celles des
Capitaines. Il fera permis aux Capitaines de
camper fur deux Lignes, quand par l'étenduë
de leurs Tentes ils ne pourront pas camper fur
une ; & dans ce cas l'Etat-Major reculera fes
Tentes à proportion.

VIII. La place de la Garde du Camp des Bataillons de la premiere Ligne, fera marquée à cent
trente pas en avant des Faifceaux, au centre de
chaque Bataillon.

Celle de la Garde du Camp des Bataillons
de la feconde Ligne, fera marquée en arriere,
à trente-cinq pas de la Tente du Colonel ou
Commandant de Bataillon, c'eft-à-dire, à cent
pas du fond du Bataillon.

La place des Latrines tant de la premiere que
de la feconde Ligne, fera marquée à vingt pas
au-delà de la Garde du Camp.

IX. On commandera avec le Campement les
Gardes ordinaires ; les Officiers qui les commanderont feront arrêter les Soldats, Cavaliers,
Dragons & autres qui n'y feront pas commandez, les feront attacher & conduire au Prevôt
pour y être punis comme Maraudeurs.

X. Les Majors de Piquet fuivront le Maré-
chal de Camp de jour, & les autres Officiers
principaux de Piquet, lorfqu'ils iront pofter

autour du Camp les Gardes ordinaires qui doivent former une espece de chaîne autour de l'Armée pour veiller à sa sûreté.

A mesure qu'on postera chaque Garde, ils marqueront sur un état le lieu où elle sera postée & de quelle Brigade elle sera, ils en donneront une copie au Marêchal de Camp de jour, ils en donneront encore une copie au Major general de l'Infanterie.

XI. L'allignement du Camp reglé, soit par la droite, soit par la gauche, sur les points de vûë qui auront été donnez par le General, & l'aîle de Cavalerie marquée, le Major general de l'Infanterie distribuëra aux Majors cent dix pas par Bataillon, ayant attention de s'alligner sur l'aîle de Cavalerie marquée, à moins qu'il ne falût faire un coude ou une espece de potence dont on seroit convenu ; & lorsque l'Infanterie aura achevé de marquer, l'autre aîle de Cavalerie commencera.

On observera de laisser toûjours sur la gauche de chaque Régiment de Cavalerie qui fermera la gauche de l'aîle droite, vingt pas pour le grand intervalle du premier Bataillon, qui formera l'aîle droite de l'Infanterie ; & le Bataillon qui fermera la gauche de l'Infanterie, laissera vingt pas pour le grand intervale de l'Escadron de la droite de l'aîle gauche de Cavalerie.

XII. Quand le terrain obligera de resserrer le Camp, on ne donnera que quinze pas de grand intervale, & l'on se resserrera par les grandes ruës ; on obfervera , foit qu'on refferre, foit qu'on étende le Camp , de ne jamais toucher à la diftance des petites ruës dans lefquelles les Tentes doivent être adoffées , ayant feulement un pied d'efpace du cul de lampe d'une Tente à l'autre , afin d'y pratiquer une rigole pour l'écoulement des eaux.

XIII. Lorfque le Camp fera marqué , les Majors ordonneront aux Sergens & Caporaux de Campement , d'empêcher que qui que ce foit ne paffe dans le Camp marqué , & de faire paffer les Troupes & les Equipages par les grands intervalles.

Alors chaque Capitaine de Campement ira au-devant de fon Bataillon pour le conduire à la tête du terrain où il devra camper ; & chaque Lieutenant au devant des Equipages pour les conduire à la queuë du Camp aux places qui auront été marquées.

XIV. Chaque Brigade d'Infanterie fera formée , foit pour fe mettre en Bataille, foit pour marcher , foit pour camper ; Sçavoir, le premier Régiment aura la droite , le fecond la gauche , & les autres alternativement fe mettront à droit & à gauche dans le centre.

Dés que chaque Brigade arrivera , les Majors mettront leur Régiment en Bataille , à la tête du terrain que chaque Bataillon devra occuper, felon que la Brigade devra camper ; car fi elle devoit fermer la gauche d'une ligne , on le mettra en Bataille en Colomne renverfée.

Tous les Bataillons qui composeront la Brigade qui fermera la gauche de chaque Ligne, camperont en Colomne renversée, les autres Brigades camperont dans leur ordre naturel.

XV. Lorsque chaque Bataillon aura été mis en Bataille à la tête de son Camp, on fera défenses aux Soldats de sortir du Camp pour aller au bois ou à la paille sans y être conduits en bon ordre par des Officiers ou Sergens commandez pour cet effet ; on avertira les Sergens des distributions qui seront faites à leur Compagnie ; alors on détachera un homme par Compagnie pour aller planter le Faisceau des Armes ; on fera monter la Garde du Camp ; on fera partir le Sergent & le Caporal d'Ordonnance chez le Major general, les Détachemens commandez, & les Gardes des Officiers Generaux, ensuite on fournira le remplacement du Piquet : pendant ce temps, on empêchera que personne ne sorte de son Poste ny de son rang.

XVI. Le Major de Brigade recevra les ordres du Brigadier, & en son absence du Colonel qui commandera la Brigade pour la faire entrer dans le Camp, à l'exception des Piquets qui resteront chacun à quinze pas des Faisceaux au centre de leur Bataillon, comme une espece de bivoac jusqu'à la Retraite.

Alors chaque Officier-Major fera faire demy tour à droit à son Bataillon, presenter les Armes & marche ; les Bataillons de la même

Brigade feront autant que faire se pourra ce mouvement ensemble , observant de se régler sur celuy qui sera le Chef de Brigade.

XVII. Les Enseignes & autres Officiers chargez de porter les Drapeaux, les planteront en arrivant dans le Camp, à distance égale dans le front du Bataillon, au milieu de l'espace du front de Bandiere aux Faisceaux ; Sçavoir , un à la droite, un au centre , & l'autre à la gauche ; Observant de placer le Drapeau Colonel sur la droite , à l'exception des Régimens qui fermeront les gauches des lignes , lesquels étant campez en Colomne renversée , mettront leur Drapeau Colonel sur leur gauche ; ils ne les quitteront pas que les Sentinelles ne soient posées auprés de chaque Drapeau , ce qui sera exécuté sur le champ par un Caporal de Piquet.

XVIII. Il y aura nuit & jour quatre Sentinelles par Bataillon à la tête du Camp ; Sçavoir, une dans le grand intervale en avant du Chevalet des Armes du Piquet pour les garder , & trois également dispersées dans l'espace du front de Bandiere aux Faisceaux ; de sorte qu'il y en aura une à côté de chaque Drapeau. Les Caporaux de Piquet leur consigneront les Drapeaux; de ne laisser prendre aucune Arme aux Faisceaux sans la Permission d'un Sergent ou d'un Caporal de Piquet ; de les avertir si-tôt qu'elles apercevront des Officiers Generaux , ou qu'elles découvriront de loin la moindre Troupe ; comme aussi du désordre qui pourroit arriver dans le Camp, & des Affemblées que les Soldats pourroient faire pour tenir des Jeux défendus ; enfin, d'arrêter les Soldats chargez de Hardes ou Uftenfiles de ménage qu'ils pourroient aporter de maraude.

XIX. Les Officiers & Sergens obligeront les Soldats de mettre leurs Armes aux Faifceaux en entrant dans le Camp ; ils feront tendre diligemment les Tentes de leur Compagnie, & tiendront la main à ce qu'elles foient allignées tant par le front de bandiere & les ruës, que par le fond du Bataillon ; Les Officiers Majors auront fur tout attention à faire bien alligner les Faifceaux des Armes, & d'empêcher que perfonne ne campe dans le grand intervale.

XX. On commandera un Capitaine & un Lieutenant par Bataillon, avec le nombre de Sergens neceffaires, pour conduire les Soldats au bois & à la paille ; Pour cet effet, on fera affembler à la tête du Camp deux ou trois hommes en veftes & en bonnets par Chambrée, lefquels feront conduits en bon ordre par les Officiers & Sergens chargez de cette fonction.

Si l'on doit diftribuer le Bois & la Paille, il fe trouvera au Magafin un Officier Major qui en fera faire la diftribution.

Si au contraire les Troupes vont couper le bois dans les Forêts ou Buiffons, & fi elles vont chercher la paille dans les Villages, le Major de chaque Régiment indiquera aux Capitaines commandez pour cette fonction, les

Lieux où ils doivent mener les Soldats ; ils les contiendront, empêcheront les deſordres, & en feront l'arriere-garde au retour.

XXI. Dés que les Soldats auront tendu leurs Tentes, les Officiers & les Sergens feront balayer les ruës & à la tête du Camp, depuis le front de bandiere juſqu'à trente pas au-delà des Faiſceaux, & ils obſerveront d'empêcher qu'on ne faſſe du feu ailleurs qu'aux places marquées pour les Cuiſines.

XXII. Les Officiers-Majors feront faire diligemment les Communications neceſſaires, tant pour pouvoir ſe communiquer avec les Troupes campées à ſa droite & à ſa gauche, que pour marcher en avant ou en arriere, ſans avoir égard au temps ny à la fatigue des Soldats.

S'il ſe trouve devant leur Régiment un terrain raboteux, ils le feront aplanir juſqu'à trente pas au-delà des Faiſceaux.

Le terrain dont chaque Bataillon eſt chargé, contient depuis le front de la premiere Tente des Grenadiers qui eſt à ſa droite, juſqu'à celle des Grenadiers du Bataillon qui eſt campé à ſa gauche ; parce que l'Intervale qui eſt à ſa gauche, fait partie du terrain qu'on luy a diſtribué pour camper.

Ils feront creuſer les Latrines, & y feront mettre un apuy avec une feüillée à la place où elles auront été marquées.

On commandera par Corvée pour ces travaux le nombre d'hommes par Compagnie neceſſaire,

commandez par des Sergens, & ils ne feront
pas faits par les Soldats de Piquet.

XXIII. Un Sergent de Piquet prendra quatre
ou fix hommes de Piquet, avec lefquels il fera
conftruire le Chevalet pour pofer les Armes ;
il le fera mettre à deux pas fur la droite du Camp
de fon Bataillon, en travers, prenant pour fon
allignement l'encoignure du Faifceau & de la
premiere Tente des Grenadiers, à l'exception
des Régimens qui fermeront les gauches, lefquels étant campez en Colomne renverfée,
mettront leur Chevalet fur la gauche.

On fera faire autant qu'il fera poffible, un
abry couvert de branches d'arbres & de paille,
pour garantir les Armes de la pluye & de la
pouffiere.

XXIV. Lorfqu'il fe trouvera des Maifons dans
le terrain d'une Brigade, & qu'elles n'auront
point été marquées par le Marqueur de l'Armée,
le Brigadier, & aprés luy le Major de Brigade,
pourront y loger ; tous les autres Officiers fans
exception camperont.

Les Majors de Brigade avertiront le Major
general, des Officiers qui ne feront pas campez
à leur troupe, afin qu'il en rende compte au
General, qui les obligera de camper à leur Régiment.

XXV. Les Majors dans les Régimens defquels
il y aura des Bouchers établis, auront grand
foin de les placer dans leur terrain affez éloigné,
pour qu'ils ne caufent aucune infection dans le

Camp ; & pour cet effet, de les obliger à enter-
rer soigneusement les tripailles.

XXVI. Les Majors empêcheront l'établissement
des Vivandiers des autres Régimens dans le terrain du leur, parce que n'étant plus sous les
yeux de leurs Officiers, ils attirent souvent
chez eux des Filles de mauvaise vie qui perdent
les Soldats & recelent les vols faits à l'Armée.

Il sera trés-expressément défendu à tout Soldat d'aller camper sous quelque prétexte que ce
puisse être, au Quartier general, ny ailleurs
que dans le terrain de son Régiment.

XXVII. Les Majors de Brigade iront à l'Ordre
chez le Major general à l'heure qu'il leur aura
indiquée, pour y écrire l'Ordre qu'il leur dictera,
ainsi que les détails qui concerneront leur Brigade ; un chacun d'eux ira en faire lecture à son
Brigadier, aprés luy avoir donné le mot à l'oreille, & il recevra les Ordres particuliers que le
Brigadier pourroit avoir à donner touchant la
discipline & la régularité du Service.

XXVIII. Les Majors & Aydes-Majors particuliers des Régimens iront à l'Ordre chez leur
Major de Brigade qui le leur dictera, avec les
détails concernant le Service de leur Régiment,
& ceux que le Brigadier aura recommandez :
de là le Major ira porter le mot au Colonel, ou
à son absence au Lieutenant-Colonel, auquel
il ne sera porté que par un Ayde-Major quand
le Colonel sera present ; chaque Ayde-Major
ira le porter aux Commandans des Bataillons,

ils leur feront la lecture de l'Ordre , & enfuite iront le donner à leur Régiment.

Défenses aux Officiers-Majors de s'envoyer jamais l'Ordre d'un Régiment à un autre, par un Sergent ou toute autre perſonne que par un Officier.

XXIX. Lorſque les Majors voudront diſtribuer l'Ordre , un Tambour de Piquet de chaque Régiment, fera trois petits roulemens pour apeller à l'Ordre , & l'on ne criera jamais à l'Ordre. Les Sergens & Caporaux formeront le Cercle dans le centre de leur Régiment , à vingt pas des Faiſceaux , ſuivant le rang que leurs Compagnies tiendront dans chaque Bataillon. Il ne ſera permis qu'aux Officiers-Majors d'entrer dans le cercle ; le Major , ou en ſon abſence un Ayde-Major , expliquera l'Ordre aux Sergens & ce qu'ils auront à exécuter ; il nommera les Officiers commandez pour monter la Garde, pour aller en Détachement & pour remplacer le Piquet ; il s'informera quels ſont les Sergens qui y devront marcher, ainſi qu'à l'Ordonnance ; leur recommandera les attentions les plus neceſſaires , & donnera le mot.

XXX. Tous Détachemens ou Gardes d'honneur ſeront commandez par la tête , & celles de Fatigues ou Corvées par la queuë, en ſuivant exactement par rang de pique le tour de Rôle juſqu'à ce que l'on entre en Campagne, ou que l'on rentre en Garniſon ; auſquels cas le tour recommencera toûjours par la tête ou par la queuë

queuë, felon la nature de la Garde, à l'exception de celle des Travailleurs aux Sieges, comme
il fera dit à l'Article fuivant.

XXXI. Les Gardes de Travailleurs armez
ou non armez pendant un Siege, foit que l'on
foit affiegé ou que l'on affiege, feront commandez par un tour particulier, en commençant
par la tête. Le Major aura grande attention
de conferver le Contrôle qui regarde cet Article, afin que dans un autre Siege fuivant on
continuë le tour. Les differens mouvemens que
les Régimens font, ne doivent y aporter aucun
changement.

XXXII. Tous Détachemens ou Gardes
d'honneur, c'eft-à-dire, celles où l'on commande des Gens armez, rouleront enfemble pour
les Officiers, à l'exception de la Garde que l'on
montera chez le Roy, la Reine, Monfeigneur
le Dauphin, les Princes du Sang, les Princes
Legitimez, les Marêchaux de France, ou les
autres Generaux, & de celle du Piquet.

XXXIII. La Garde qui fe montera chez
le Roy, la Reine, Monfeigneur le Dauphin, les
Princes du Sang, les Princes Legitimez de
France, les Marêchaux de France, & les autres
Officiers Generaux, fera particuliere & commandée par un tour à part, qui commencera
par la tête.

XXXIV. Le Piquet fera une Garde diffe-
rente commandée par un tour particulier : il fe
relevera toutes les vingt-quatre heures à la

Garde montante; & même les jours de marche, à l'heure que la Garde aura accoûtumé de monter.

Le plus ancien des Capitaines, sans distinction de Bataillon, montera au Piquet du premier Bataillon; celuy qui le suit, à celuy du second, & ainsi des autres si le Régiment est composé de plusieurs Bataillons: Ainsi les plus anciens Capitaines commanderont toûjours le Piquet des premiers Bataillons.

X X X V. Les Gardes de Travailleurs, excepté celles des Sieges non armez, seront regardées comme Gardes de Fatigues ou Corvées, de quelque nature qu'elles puissent être: elles rouleront ensemble, & elles seront commandées par la queuë.

X X X V I. Les Officiers Subalternes seront commandez par rang de Compagnie, & ils commanderont entre eux par droit d'ancienneté. Leurs Gardes ou Détachemens seront commandez comme ceux des Capitaines, par la tête ou la queuë, selon l'occurence.

X X X V I I. Tout Officier commandé sera sensé avoir fait sa Garde ou son Détachement, dés qu'il aura passé les grandes Gardes; sinon cela ne luy sera compté pour rien.

X X X V I I I. Tout Officier qui étant de Piquet, & qui sera commandé pour quelque Détachement que ce soit, sera réputé avoir fait son Piquet, quand il n'y auroit resté qu'un quart d'heure, pourvû qu'il ait passé les grandes

Gardes de l'Armée, & il sera à l'instant relevé par un de ses Camarades commandé pour cet effet : Comme aussi celuy qui marchera avant que d'être nommé pour le Piquet, & dont le tour arrivera pendant son absence, ne sera pas obligé de le faire au retour de son Détachement, & son tour sera passé.

XXXIX. Les Officiers commandez pour les Travailleurs ou autres Corvées, suivant l'Article XXXV. seront sensez avoir fait leurs Détachemens dès qu'ils auront passé les Gardes de la tête ou de la queuë du Camp, quand même ils n'auroient pas été employez.

XL. Si un Capitaine de Grenadiers, ou les Officiers de sa Compagnie s'absentent pour plus de quatre jours, le Major avertira le plus ancien Capitaine du Corps, de même que les plus anciens Subalternes, pour faire le Service des Officiers de Grenadiers absens, & ces Officiers n'en feront pas d'autre du jour qu'ils auront été avertis, jusqu'au retour de ceux qui seront absens.

XLI. Il ne sera fait aucun Détachement de chaque Bataillon, depuis cinq jusques à huit hommes, qui est le nombre ordinaire des Escoüades, qu'il n'y ait un Caporal ou un Anspessade de commandé avec eux par extraordinaire. Lors qu'il n'y marchera point de Sergent du Régiment, ces Caporaux seront responsables des Soldats qu'on leur remettra : ils les contiendront, & seront chargez de leur faire délivrer

tout ce qui leur fera ordonné pour leur fubfif-
tance ou entretien, & raporteront à l'Officier
chargé du détail du Régiment, les Etats des
diftributions qui leur auront été faites pendant
leur Détachement ; & ces Caporaux étant commandez par extraordinaire, feront le Service de
derniers Caporaux, quand même ils feroient
d'un plus ancien Régiment que ceux qui feront
commandez avec leurs Sergens.

XLII. Toutes les fois qu'on entrera en
Campagne, le Service recommencera par la tête
tant pour les Sergens & les Caporaux, que
pour les Soldats, à l'exception de ce qui regarde
les fonctions des Sergens & des Caporaux de
femaine, lefquelles continueront en Campagne
comme en Garnifon. En Campagne l'on ne
formera point d'Efcoüade, chaque Sergent commandé menera avec luy un Caporal de fa Compagnie ; & à l'égard des Officiers & Sergens, ils
feront partagez de maniere qu'il y en ait toûjours un de chaque Régiment.

XLIII. Les Sergens iront porter l'Ordre à
leurs Officiers, & leur repeteront la Halebarde
à la main & Chapeau bas, mot à mot ce qui
aura été dit au Cercle : Les Officiers le recevront aussi Chapeau bas. Ils avertiront ceux
qui auront été commandez, & leur donneront
le mot à l'oreille : enfuite ils iront expliquer aux
Soldats de leur Compagnie, Chambrée par
Chambrée, les défenfes & ce qui aura été ordonné, à l'exception du mot. Les Officiers ne

dispenseront jamais leurs Sergens de leur aporter l'Ordre tous les jours, quand même il n'y auroit que le mot à donner.

XLIV. Dés que les Tambours battront la Retraite le jour de l'arrivée, chaque Capitaine de Piquet resté à la tête de son Bataillon, fera marcher son Piquet, & le mettra en Bataille dans le grand Intervale sur la droite de son Bataillon, le premier rang alligné sur le front de bandiere ; ensuite il fera presenter les Armes aux Soldats aprés les avoir examinez, & les fera défiler par la droite pour aller poser leurs Armes à droit & à gauche du Chevalet. Les Officiers planteront leurs Spontons prés du Chevalet.

Les autres jours on fera prendre les Armes à chaque Piquet à la Retraite battante, afin d'examiner si les Hommes & leurs Armes sont en bon état : On les leur fera remettre de même au Chevalet si le temps le permet.

XLV. Il est trés-expressement défendu aux Officiers, Sergens & Soldats de Piquet, de se deshabiller, même d'ôter leur Ceinturon & Epée, ny de s'éloigner du Camp de leur Bataillon, afin d'être toûjours prêts à prendre les Armes quand on en aura besoin.

XLVI. La Retraite battuë, un Sergent & un Caporal de Piquet replieront les Drapeaux, & les coucheront ensemble sur quatre petits Chevalets qui seront mis pour cet usage dans le centre de chaque Bataillon entre le front de bandiere & les Faisceaux.

XLVII. Immediatement aprés la Retraite, un Sergent par Compagnie fera mettre le Manteau d'Armes sur le Faisceau, & en même temps il visitera les Armes de sa Compagnie: S'il en trouve de manque, il examinera à qui elles apartiennent, pour en faire arrêter les Soldats & les Sentinelles à qui elles ont été consignées. Un Sergent & un Caporal de Piquet assisteront à cette Visite: Ils consigneront de nouveau aux Sentinelles de n'en laisser prendre aucune sans leur permission.

XLVIII. Les Sergens feront tous les jours deux Apels de leur Compagnie, le premier une heure aprés la Retraite battuë, le second au point du jour : Ils le feront Chambrée par Chambrée, apellant le Contrôle à la main, les Soldats les uns aprés les autres, & les obligeant de répondre chacun pour soy : Ensuite ils feront leur Billet d'Apel, sur lequel ils marqueront s'il leur manque quelqu'un ou non : Ils le dateront, le signeront & le porteront au Sergent de Piquet chargé de ramasser les Billets d'Apel.

XLIX. Les Sergens de Piquet recevront une heure aprés la Retraite battuë & au point du jour, les Billets d'Apel de chaque Compagnie, & ils les remettront à l'Officier-Major de leur Régiment qui sera de Semaine.

L. Les Majors particuliers envoyeront tous les matins à leur Major de Brigade un Billet sur lequel ils marqueront les Hommes de leur Régiment qui auront manqué à l'Apel, en expliquant de quelle Compagnie ils feront, & l'heure à laquelle on se sera aperçû qu'ils se feront absentez. S'il n'a manqué personne aux Apels, ils le marqueront également sur leur Billet. Chaque Major de Brigade envoyera de même tous les matins au Major de Brigade de Piquet, qui les remettra au Major general, un Etat des Hommes de sa Brigade qui auront manqué de se trouver aux Apels, détaillé par Bataillon & par Compagnie; & quoyque personne n'y ait manqué, il ne sera pas pour cela dispensé de le marquer sur un Billet datté & signé de luy.

L I. Une heure aprés la Retraite battuë, les Officiers & les Sergens de Piquet feront rentrer tous les Soldats dans leurs Tentes; Les Sergens de Piquet iront faire sortir de chez les Vivandiers ceux qui pourroient s'y trouver, & leur défendront de donner à boire davantage; ils examineront s'il n'y a pas de Filles de mauvaise vie, ou d'autres gens suspects; en ce cas ils les arrêteront, & on les fera conduire au Prevost; ils feront mettre à la Garde du Camp les Soldats qui seront avec ces Filles: ensuite ils visiteront si les feux sont éteints, & feront éteindre ceux qu'ils trouveront allumez: A minuit le premier Sergent de Piquet exécutera les mêmes choses, & une heure avant le jour le second Sergent fera une pareille visite.

L I I. La Garde battra à l'heure ordonnée par le General, & la Retraite au Soleil couchant; Les Tambours ne battront point que la Brigade du centre qui fera défignée pour cet effet, n'ait donné le fignal d'apel, afin que tous les Régimens puiffent, autant que faire fe pourra, battre enfemble : Le Major de la Brigade du centre dont les Tambours doivent donner le fignal, réglera l'heure de la Retraite felon le mois dans lequel on fera.

LIII. Les Officiers-Majors de chaque Régiment, affembleront demie heure avant qu'on ne batte la Garde, les Détachemens deftinez tant pour monter la Garde du Camp & la Garde ordinaire, que pour celle des Officiers Generaux & le remplacement du Piquet : Aprés les avoir vifitez, ils envoyeront, conduits par un Officier-Major à la tête du Chef de Brigade, ceux qui doivent compofer les Gardes ordinaires, afin que le Major de Brigade puiffe les examiner, & les faire partir au premier coup de baguette, pour fe rendre au rendez-vous choifi pour l'Affemblée generale des Gardes de l'Armée où l'on doit en faire l'Infpection.

LIV. La Garde battuë, on fera monter la Garde du Camp ; elle fera compofée d'un Sergent, d'un homme par Compagnie & d'un Tambour qui feront les premiers à marcher, ainfi elle fera tirée du Piquet avant les autres Gardes & Détachemens.

On confignera au Sergent & au Caporal de cette Garde, les Sergens, Caporaux & Soldats qui auront merité châtiment, & les Criminels qui y feront conftituez Prifonniers, lefquels feront liez & gardez à vûë, le Sergent, le Caporal & les Sentinelles aufquels ils feront confiez, en étant refponfables corps pour corps.

En cas de marche, cette Garde marchera immediatement aprés la Compagnie de Grenadiers; le Sergent fera mettre au centre les Prifonniers avec deux Sentinelles à côté d'eux, Fufil fur le bras Bayonnette au bout, tenant le bout de la corde dont les Prifonniers feront attachez; le Caporal marchera derriere eux auffi Fufil fur le bras Bayonnette au bout, pour en pouvoir répondre. Le Sergent de cette Garde fe trouvera tous les foirs à l'Ordre, en confiant dans cette occafion feulement, le foin de fa Garde à fon Caporal; eux & leurs Soldats fe feront aporter à manger fans quitter leur Pofte.

Cette Garde prendra les Armes & fera en haye faifant face au dehors du Camp, dés qu'elle apercevra une troupe armée jufqu'à ce qu'elle foit paffée & éloignée de fon Pofte, fi cette troupe marche Tambour battant, ou Trompette fonnante, le Tambour de la Garde battra aux champs.

Elle prendra les Armes lorfque le General de l'Armée, les Princes du Sang, les Princes légitimez, & les Marêchaux de France ou autre Officier general qui commande le Camp, viendront à paffer, & le Tambour battra aux champs.

Elle fera auffi fous les Armes pour les Lieutenans Generaux & pour les Marêchaux de Camp, mais le Tambour ne battra pas.

Pour regle generale, le Tambour de la Garde du Camp ne doit jamais battre qu'aux champs.

LV. Le Major de chaque Brigade visitera tous les matins les Piquets des Bataillons de la Brigade, qui resteront pour cet effet sous les Armes, à la tête desquels les Officiers de Piquet seront le Sponton à la main; s'il en trouvoit de négligez & que quelque Officier manquât à y être, il en rendra compte au Major general, lequel en informera le General de l'Armée qui y mettra ordre.

Un Officier-Major de chaque Régiment fera faire l'Exercice aux Piquets de leur Régiment, aprés quoy il les fera rentrer & poser les Armes chacun au Chevalet de leur Bataillon.

LVI. Les Gardes ordinaires seront toûjours conduites par un Major ou un Ayde-Major de la Brigade, lequel ne les quittera point que l'Inspection ne soit finie, & que les Gardes ne soient montées; afin de pouvoir répondre aux Officiers generaux de jour, aux Directeurs ou Inspecteurs generaux, & au Major general, sur les choses qu'ils pourroient trouver à redire à leurs Détachemens, & recevoir les Ordres qu'ils pourroient avoir à donner.

LVII. Il y aura tous les jours un Major de Brigade de Piquet, lequel assemblera les Gardes ordinaires, & tous les Détachemens commandez aux rendez-vous qui seront indiquez : il les mettra en Bataille comme ils seront campez, la seconde Ligne à la gauche de la premiere : il donnera à la Garde montante, à chacun des Officiers generaux de jour, & au Brigadier de Piquet, un Etat des Gardes ordinaires, dans lequel il sera expliqué le lieu où chaque Garde sera postée & de quelle Brigade elle est; il les accompagnera dans la tournée qu'ils feront pour visiter les Gardes, & rendra compte au Major general des choses qu'il aura remarquées être contraires au bien du Service.

Il veillera pendant les vingt-quatre heures qu'il sera de Piquet à la discipline du Camp, & sera chargé des détails qui y seront relatifs.

LVIII. Dés que les Gardes seront montées, on ôtera les Mante aux d'Armes au cas que le temps le permette : On aura soin que les Armes soient bien rangées autour des Faisceaux, les Platines en dehors avec leurs tampons sur le bassinet; ainsi que celles du Piquet à leur Chevalet, & de faire balayer la tête du Camp. Le premier Régiment qui ferme la droite de la premiere Ligne, commencera à déployer ses Drapeaux, le reste de la Ligne en fera de même; alors la seconde Ligne déployera aussi les siens.

LIX. On ne souffrira jamais que les Soldats établissent dans le Camp ny aux environs, aucuns Jeux de hazard de quelque espece qu'ils puissent être. Les Officiers & Sergens de Piquet visiteront de temps en temps les lieux qui sont dans le voisinage du Camp où l'on pourroit en former; & ils envoyeront des Patroüilles pour les empêcher & en arrêter les Auteurs.

L X. Les Sentinelles des Drapeaux seront armées de leur Fusil bayonnette au bout, celles du Piquet & des autres Gardes seront Fusil sur l'épaule sans bayonnette; elles presenteront les Armes lorsqu'il passera des Troupes ou des Officiers de quelque Corps & de quelque caractere qu'ils puissent être; celle de la Garde du Camp seront bayonnette au bout du Fusil lorsqu'il y aura des Prisonniers, de même que celle du Prevôt.

Celles de l'Artillerie & des Magasins à Poudre seront l'Epée à la main; celles de la Garde de Sa Majeste', des Princes, des Officiers Generaux ou autres, seront Fusil sur l'épaule sans bayonnette, & elles ne presenteront les Armes que pour le Saint Sacrement.

L X I. Défenses sur peine de punition à tout Soldat de tirer dans les Détachemens ny dans le Camp. Les Sergens auront soin de faire décharger les Armes qui auront été moüillées avec un tirrebourre; & s'il arrive qu'il s'en trouve qu'on ne puisse pas décharger de cette façon, le Fusil ne pourra être tiré qu'en presence d'un Ayde-Major, qui prendra les précautions necessaires pour éviter les accidens.

Défenses aux Officiers de tirer pareillement dans les Détachemens, dans le Camp, ny d'aller à la Chasse.

L X I I. Generalement tous Détachemens, Bivoacs & autres Gardes, seront conduits au Rendez-vous indiqué, par un Officier-Major de chaque Brigade, lequel les remettra à l'Officier chargé de les assembler ; & il ne s'en ira point qu'il ne les ait vû partir, afin de pouvoir répondre aux choses que le Commandant du Détachement ou le Major general, pourroient trouver à redire à la Troupe qu'il aura conduite.

LXIII. Les Officiers-Majors observeront que le tiers des Soldats commandez pour toutes sortes de Détachemens ou Gardes, ait toûjours des Outils, qui seront par égale portion de chaque espece ; & l'on s'en prendra à ceux qui les auront conduits, si cet Article n'est pas regulierement exécuté.

LXIV. Les Officiers détachez pour les Gardes ordinaires qui doivent être postées sur les Avenuës qui menent au Camp, pour la sûreté de l'Armée, observeront au sortir du Camp, & sur tout lorsque le Pays sera couvert, d'ordonner une Avant-Garde plus ou moins forte, commandée par un Sergent, lequel marchera environ à cinquante pas en avant du gros de la Troupe, afin de ne pas se laisser couper, & d'être toûjours vû de son Commandant : Les Soldats détachez à l'Avant-Garde porteront leurs Armes sur le bras gauche.

LXV. Dés qu'on sera arrivé au Poste que l'on doit relever, la vieille Garde se rassemblera au milieu du Poste, la nouvelle entrera & en bordera le Parapet ; alors les Officiers, Sergens & Caporaux qui devront descendre la Garde, donneront exactement la Consigne à ceux qui la

monteront ; enfuite les Caporaux iront pofer les
nouvelles Sentinelles & relever les vieilles : Pendant ce temps, le Capitaine qui montera la
Garde prendra tous les éclaircissemens neceffaires
de celuy qui la defcendra, fur tout ce qui peut
contribuer à la fûreté & à la défenfe du Pofte :
Lorfque la vieille Garde partira, il envoyera avec
elle un Soldat intelligent de fon Détachement,
qui ira à l'Ordonnance chez fon Major de Brigade, afin qu'on puiffe luy envoyer les Ordres qui
pourroient furvenir, & que ce Soldat conduife
le lendemain la Garde qui devra le relever ; &
dans les lieux qui ne feront point fermez, les Gardes fe releveront en la forme ordinaire.

LXVI. Lorfque la vieille Garde fera partie,
le Commandant de la nouvelle Garde la difpofera
comme il voudroit qu'elle fût en cas d'attaque,
afin que chaque Soldat connoiffe fon Pofte & y
mette fon Fufil, obfervant que les Soldats de
chaque Bataillon foient enfemble, & de placer les
Officiers fubalternes, les Sergens & les Caporaux convenablement, pour éviter le défordre &
la confufion qui arrivent fouvent quand on prend
les Armes avec précipitation.

LXVII. Chaque Capitaine de Garde, ac-
compagné de fes Officiers, Sergens & Caporaux,
examinera fi toutes les Sentinelles font bien
placées, fi elles fçavent leur Configne, s'il n'eft
pas neceffaire d'en augmenter, d'en diminuer le
nombre, ou de les doubler en certains endroits,
foit de jour foit de nuit ; il reconnoîtra les Che-

mins ou Avenuës par où l'Ennemy peut venir, afin de mettre quelque petit Poste en avant, qui se retire la nuit au gros de la Troupe.

Si son Poste n'est pas bien retranché, il y fera travailler promptement, & se servira de tous les moyens praticables pour le mettre diligemment en état de défense; & il ne sera point relevé, s'il n'est pas trouvé tel.

LXVIII. Les Officiers, Sergens & Caporaux resteront assiduëment à leur Poste pendant le temps de leur Garde, ils y contiendront exactement les Soldats; il est défendu trés-expressément aux uns & aux autres de s'en écarter pour aller à la Chasse ou ailleurs, sous tel prétexte que ce puisse être.

LXIX. Il sera consigné aux Gardes ordinaires qui seront en avant & sur les flancs du Camp, de ne laisser passer au-delà aucun Soldat, Cavalier ou Dragon, d'arrêter ceux qui se presenteront pour passer, de les envoyer au Prevost, & d'en donner avis en même temps au Major general. Les Gardes qui seront postées sur les derrieres du Camp, observeront les mêmes choses, à l'exception qu'elles laisseront passer les Soldats, Cavaliers ou Dragons qui auront un Congé par écrit de leur Capitaine, visé de leur Mestre de Camp ou Colonel, & du Major du Régiment, en la forme prescrite par l'Ordonnance.

Il leur sera aussi consigné d'avoir soin de reconnoître ceux qui arriveront; & s'il se preſente des Etrangers qui meritent attention, en ce cas ils les feront conduire au Major general.

Au ſurplus, il ne ſera aporté aucun trouble ny empêchement aux allans & venans pour le commerce & la ſubſiſtance du Camp, où il faut au contraire procurer la liberté & la ſeureté aux Païſans qui aporteront des Vivres & Denrées à l'Armée.

L X X. Les Officiers qui ſeront de Gardes ordinaires ou détachez à d'autres Poſtes dans les dehors du Camp, envoyeront *Au qui vive*, un Sergent & quatre Fuſilliers, dés que les Sentinelles avertiront qu'elles aperçoivent des Troupes ou quatre ou cinq perſonnes venir de leur côté; ils ordonneront à ce Sergent de ſe poſter avec les quatre Fuſiliers qui preſenteront leurs Armes à trente pas en avant de la Sentinelle avancée, & d'obſerver lorſqu'il ſera à portée d'être entendu, de crier *Qui vive*; que luy ayant été repondu *France*, il demandera quel Régiment; qu'alors ayant reconnu par la ſeconde réponſe, qui ce peut être, il détachera un Fuſilier pour en aller rendre compte diligemment au Capitaine, & ſe retirera en même temps au poſte de la Sentinelle, d'où il criera à la troupe venante, *Alte-là*, juſqu'à ce que le Capitaine luy ait envoyé dire de laiſſer aprocher ou paſſer; que cet ordre reçû, il ſe retirera avec ſes Fuſiliers au Poſte principal, aprés avoir averty les allans ou venans, qu'ils peuvent paſſer ou avancer.

L X X I. Les Officiers obſerveront de faire

prendre

prendre les Armes à leur Détachement , au même temps qu'ils envoyent au *Qui vive* , de faire mettre les Armes des Soldats fur le Parapet du Retranchement du Pofte , & dans les Poftes non retranchez ; de faire mettre Fufil fur l'épaule , à l'exception des occafions où il faut rendre aux Officiers generaux de jour ou autres de Piquet, les Hommes qui leur font dûs.

LXXII. Vers le foir, le Commandant de chaque Pofte donnera le mot , & celuy de ralie-ment , à fes Officiers, Sergens & Caporaux ; Il leur expliquera les Rondes & Patroüilles qu'il jugera à propos de faire faire pendant la nuit ; & les difpofera de façon, que les Sentinelles puiffent être vifitées de quart d'heure en quart d'heure : Alors il fera mettre les Sentinelles d'augmenta-tion , & les fera doubler dans les endroits necef-faires : Il fera défendu aux Sentinelles doubles de parler enfemble , & il leur fera ordonné de re-garder chacune alternativement de different côté.

LXXIII. A l'entrée de la nuit le Commandant de chaque Pofte fera prendre les Armes à fon Détachement pour en faire la Vifite , & inftruire encore plus précifement les Soldats du Pofte qu'ils doivent occuper , en cas d'attaque : Il leur ordonnera de garder toute la nuit leurs Armes entre leurs bras , d'ôter le tampon de deffus le baffinet , & de s'affeoir autour du feu vis-à-vis leurs Poftes fans dormir : obfervant de cacher la platine de leurs Fufils , pour empêcher que la pluye ou la rofée ne la moüille.

C

LXXIV. Le Commandant de chaque Poste réglera le temps auquel les Officiers subalternes, & les Sergens & les Caporaux, feront tour à tour la Ronde.

Lors qu'il faudra faire la Patroüille dehors, celuy qui en sera chargé choisira pour cette commission deux des meilleurs Soldats ; & aprés avoir reçû de l'Officier qui commandera, les derniers ordres, il partira, ses Soldats ayant leurs Fusils sur le bras gauche, le pouce droit sur le chien ; en cet état ils marcheront avec le moins de bruit qu'il sera possible, & feront Alte de temps en temps pour écouter : Leur tournée faite, ils s'arrêteront dés que la Sentinelle de l'entrée du Poste les aura fait parler, & leur aura crié *Demeure là* ou *Alte là*, en attendant qu'un Caporal du Poste, escorté par deux Fusiliers, vienne les reconnoître, & recevoir de celuy qui commandera la Patroüille, le mot & celuy du raliement. D'abord qu'il aura été reconnu, on le laissera rentrer dans le Poste avec ses Fusiliers, & il ira rendre compte au Commandant de ce qu'il aura vû & entendu ; pendant ce temps une partie de la Garde bordera le retranchement du Poste.

Dans les Postes exposez & prés de l'Ennemy, où l'on veut éviter que les Sentinelles ne soient découvertes en criant, on donnera aux Sentinelles & à ceux qui doivent faire la Ronde ou la Patroüille, un signal muet dont on sera convenu.

LXXV. Au petit point du jour les Officiers & leur Détachement borderont le Parapet de

leur Poſte, & y reſteront juſqu'à ce que la découverte ait été faite : lorſqu'il fera grand jour, on
détachera un Sergent & quatre Fuſiliers pour aller
faire la découverte, le Sergent chargé de cette
commiſſion, ira exactement dans tous les endroits qui luy auront été marquez par ſon Commandant, & viſitera tous les Lieux circonvoiſins
où l'Ennemy pourroit s'embuſquer, & par où il
pourroit penétrer.

LXXVI. La découverte faite, le Commandant de chaque Poſte fera relever les doubles
Sentinelles & celles qui auront été miſes d'augmentation pendant la nuit, & il ordonnera aux
Soldats de remettre leurs Armes chacun en leur
place ; alors les Sergens feront remettre les
tampons ſur le baſſinet & paſſer un morceau de
Serge ſur les Fuſils, que chaque Soldat doit avoir
dans ſa Cartouche, pour ôter l'humidité & l'or-
dure qui pourroient s'y être attachez pendant la
nuit.

LXXVII. Les Officiers poſtez ſur les Paſſa-
ges qui menent au Camp, ne laiſſeront jamais
paſſer la nuit aucune troupe, quand bien même
ils l'auroient parfaitement reconnuë pour être de
celles de l'Armée ; ils la feront reſter à l'écart, &
ils ne luy donneront paſſage qu'il ne faſſe grand
jour ; ils permettront neanmoins à l'Officier qui
la commandera, s'il a des nouvelles preſſées,
d'aller ou d'envoyer chez le General pour luy en
rendre compte ; de ſorte qu'ils ne la laiſſeront
paſſer de nuit ſans un ordre par écrit du General
de l'Armée.   C ij

LXXVIII. Quand le Commandant d'un Poste aprendra des nouvelles des Ennemis qui meriteront attention, il les écrira & les envoyera par un Exprés au Major general.

S'il arrive à son Poste des Déserteurs, il les fera conduire chez le Major general par un Sergent & quelques Fusiliers, à moins qu'il ne fût trop éloigné, ou qu'il n'y eût pas de sûreté, auquel cas il les fera garder à vûë, aprés les avoir fait désarmer, pour les amener avec luy en descendant sa Garde.

S'ils arrivoient en grand nombre, il ne les laissera pas entrer dans son Poste; il les fera désarmer, & les fera conduire au Major general.

Il est défendu à tout Officier d'engager un Déserteur, qu'aprés que le Major general luy en aura fait obtenir la permission du General de l'Armée.

LXXIX. Tout Détachement posté pour la sûreté de l'Armée, n'abandonnera jamais son Poste, sous quelque prétexte que ce puisse être, qu'aprés avoir été relevé par un autre Détachement, ou sans un ordre écrit, soit du General soit du Major general, soit du Major de Brigade, à moins qu'un Officier general de jour, ou le Brigadier, Colonel ou Lieutenant-Colonel de Piquet, n'aillent les retirer eux-mêmes.

LXXX. Les Officiers de Garde ou Détachez descendront exactement la Parade à la tête du Camp de leur Chef de Brigade, où ils mettront leur Détachement en Bataille, pour examiner avant de le congedier, s'il n'y manque perfonne : Ils rendront compte au Major de Brigade, des Hommes qui pourront les avoir quittez, & des autres chofes qui meriteront attention, dont celuy-cy informera le Major general.

LXXXI. Les Brigadiers, Colonels, Lieutenans-Colonels & Major de Piquet, fe trouveront tous les matins à l'Affemblée des Gardes, pour examiner l'état où elles feront : ils recevront du Major de Brigade de Piquet, l'état des Gardes ordinaires poftées pour la fûreté de l'Armée ; ils s'accommoderont entre eux pour les aller vifiter, ils examineront fi elles font bien placées, fi les Capitaines de ces Poftes les ont mis hors d'infulte & en état de défenfe, s'il y refte quelque chofe à faire, s'ils y contiennent leurs Soldats, fi leurs Sentinelles font bien poftées : Ils queftionneront ces Capitaines pour fçavoir s'ils connoiffent la confequence de leurs Poftes, & les mefures qu'ils prennent pour fe bien défendre au cas qu'ils fuffent attaquez.

Ils rendront compte au General de l'Armée de ce qu'ils auront trouvé à redire dans cette vifite & de ce qu'ils y auront changé.

LXXXII. Les Brigadiers, les Colonels & les Lieutenans-Colonels de Piquet, feront chacun une Ronde dans le Camp pendant la nuit, le Brigadier réglera l'heure à laquelle chacun d'eux fera fa Ronde ; ils parcoureront non-feulement la tête & la queuë du Camp, mais ils pafferont auffi entre les deux Lignes, afin d'examiner s'il ne s'y commet aucun défordre : Ils vifiteront de temps en temps les Piquets de quelques Bataillons à leur choix pour examiner s'ils font allertes ; pour cet effet, ils demanderont à voir le Piquet d'un tel Bataillon, alors la Sentinelle du Piquet de ce Bataillon, les arrêtera à environ quinze pas en leur criant *Alte-là* ; le Caporal de ce Piquet s'avancera l'Epée à la main efcorté de deux Fufiliers, & dira *Avance qui a l'Ordre*, afin de recevoir le mot du Brigadier, du Colonel ou du Lieutenant-Colonel de Piquet ; ayant reçû le mot & les ayant reconnu, ce Caporal retournera en rendre compte au Capitaine de Piquet, lequel aura fait affembler le Piquet fans Armes, & s'avancera le Sponton à la main, efcorté par quatre Fufiliers prefentant leurs Armes à fix pas de la Sentinelle, en cet état il dira *Avance à l'Ordre*; pour lors le Brigadier, le Colonel ou le Lieutenant-Colonel de Piquet s'avancera & recevra le mot du Capitaine de Piquet, qui enfuite quittera fon Sponton pour luy faire voir fon Piquet en Bataille, les Officiers & Sergens à la tête prêts à prendre les Armes.

Ils rendront compte le lendemain matin au General, de ce qui fe fera paffé dans le Camp pendant leur Ronde, & de la vigilance des Piquets qu'ils auront vifitez.

LXXXIII. Les Piquets de l'Armée ne prendront jamais les Armes que par un Ordre exprés des Officiers generaux de jour ou de Piquet. Ils ne doivent rendre aucuns honneurs.

Ils se mettront en Bataille sans Armes dans le grand intervale, ayant leurs Officiers à leur tête, lorsque le General, les Princes du Sang, les Princes Legitimez de France, les Marêchaux de France, les Officiers generaux de jour, les Directeurs & Inspecteurs generaux de l'Infanterie, & le Major general de l'Infanterie, passeront à portée du Camp, pour faire voir qu'ils sont en bon état & prêts à marcher.

LXXXIV. Il y aura tous les jours en chaque Brigade un Ayde-Major de Piquet, nommé à l'Ordre par le Major de Brigade, lequel sera chargé de conduire tous les Détachemens commandez au Rendez-vous donné pour les assembler, ainsi que les Piquets de la Brigade, soit pour aller à une Expedition ou ailleurs. Il sera toûjours prêt à marcher, & se tiendra la nuit tout habillé dans sa Tente, afin d'être en état de faire exécuter diligemment les ordres qui arriveront pendant la nuit.

LXXXV. L'Officier Major de Piquet de chaque Brigade, fera une Ronde toutes les nuits à l'heure qui luy paroîtra la plus convenable, laquelle sera apellée Ronde de Brigade. Il sera escorté d'un Sergent & de deux Fusiliers de Piquet. Il visitera les Gardes du Camp de la Brigade, pour voir si les Sergens & leurs Gardes y font leur devoir, aprés neanmoins leur avoir donné le Mot, afin d'en être reconnu. Il examinera le long du Camp si les Sentinelles sont allertes.

Il vifitera fi le feu des Cuifines eft éteint, fi l'on ne donne point à boire chez les Vivandiers, & s'il ne fe paffe aucun defordre.

LXXXVI. Lors qu'il y aura un Fourage de commandé, l'on fera dés le foir entourer le Camp de chaque Bataillon, de Sentinelles aufquelles il fera configné de ne laiffer fortir aucun Soldat ny Domeftique fans la permiffion du Capitaine de Piquet. Les Officiers de Piquet monteront à cheval au point du jour, & fe promeneront autour du Camp pour voir fi les Sentinelles font leur devoir, & s'il n'en fort perfonne.

LXXXVII. L'Infanterie prendra les Armes les jours de Fourages pour faire l'Exercice, afin d'occuper les Soldats, & de leur ôter l'occafion d'aller en maraude. L'on fera l'Apel des Compagnies lors qu'on fera fous les Armes, pour fçavoir ceux qui manqueront, & les Majors de Brigade en rendront compte au Major general.

Les Commandans des Corps livreront eux-mêmes les Maraudeurs, perfonne ne connoif-fant mieux les Soldats libertins que les Officiers.

LXXXVIII. Lorfque l'heure d'affembler les Fourageurs fera venuë, un Tambour de Piquet rapellera un inftant à la tête de chaque Régiment; alors les Officiers commandez pour conduire les Fourageurs les affembleront, & les feront défiler par quatre felon le Rang que tiendront leurs Régimens & Bataillons. Un Officier Major de chaque Brigade conduira ceux de fa Brigade au Rendez-vous, d'où les Officiers commandez pour cet effet les conduiront jusques dans le Fourage, dans l'ordre de marche qui aura été reglé pour chaque Brigade. Les Officiers chargez de conduire les Fourageurs feront arrêter & conduire au Prevost les Soldats, Cavaliers & Dragons qui voudroient se mêler avec les Fourageurs de leur Régiment, pour aller en maraude.

LXXXIX. Il est trés-expressement défendu aux Officiers détachez pour l'Escorte du Fourage, de mener leurs Fourageurs avec eux, ny d'en souffrir aucun de leur Régiment ny de leur Brigade, à la suite de leurs Détachemens. Il est pareillement défendu de fourager jamais sans un ordre exprés du General, aucun Château, Fort, Eglise, Abbaye ou Maison Religieuse.

Tout Fourageur qui sera pris revenant du Fourage lors que les autres y vont, ou ailleurs qu'avec sa Brigade, sera mené au Prevost pour y être châtié.

Il est ordonné aux Majors de dénoncer les Fourageurs qui partiront avant l'heure marquée, & de donner au Major general le nom du Maître du Domestique dénoncé, afin qu'il en rende compte au General de l'Armée.

XC. Lors qu'on assemblera les Détachemens pendant la nuit, chaque Officier Major qui conduira les Détachemens de sa Brigade au Rendez-vous, aportera au Major de Brigade de Piquet, un Billet de son Major de Brigade, du nombre d'hommes qu'il devra fournir.

XCI. Les Majors de Brigade ne pourront être commandez pour aucun Détachement ; leur presence étant necessaire à leur Brigade ; de sorte qu'ils ne marcheront qu'avec leur Régiment ou avec leur Brigade.

Lorsque le Brigadier sera commandé pour quelque Détachement ou autre fonction, on commandera un Major particulier de la Brigade pour y marcher avec luy.

Les Majors particuliers marcheront avec leur Colonel en pied ; & les Colonels dont les Majors seront Majors de Brigade, n'auront avec eux qu'un Ayde-Major.

Les Aydes-Majors marcheront avec les Colonels réformez attachez à leur Régiment, & avec leur Lieutenant-Colonel, en cas que le Major n'ait pas marché, étant necessaire qu'il y ait toûjours un des Officiers-Majors au Régiment.

LCII. Lors que le Commandant d'un Détachement chargé d'escorter quelque Convoy sera arrivé à la vûë du Camp, il fera faire alte à son Avant-Garde, & fera mettre ses Troupes en Bataille à mesure qu'elles arriveront, faisant face à l'Ennemy. Dés que son Arriere-Garde sera arrivée, & que le Convoy sera dans le Camp, il fera défiler devant luy chaque Détachement qui sera sous ses ordres, pour retourner à leur Camp. Il examinera s'il n'y manque personne, afin de faire une reprimande convenable aux Officiers qui se seroient negligez, &

d'ordonner de châtier les Soldats qui se feront absentez. S'il en trouve quelqu'un chargé de butin, il le fera arrêter & conduire sur le champ au Prevost. Aprés avoir fait l'Arriere-Garde de tout, il ira rendre compte au General de l'arrivée du Détachement, & des choses qui meriteront attention.

XCIII. S'il arrive que les Capitaines ou les autres Officiers qui feront les premiers à marcher, ne se trouvent point au Camp lors qu'on demandera des Détachemens, les Officiers qui les suivent marcheront à leur place, sans que les premiers puissent esperer d'aller reprendre les Détachemens pour les commander, si-tôt qu'ils feront en marche & hors des grandes Gardes de l'Armée. Et à l'égard des Capitaines, & autres Officiers de Grenadiers, s'il arrive qu'ils soient absens, le plus ancien Capitaine, le plus ancien Lieutenant & le plus ancien Sous-Lieutenant sera commandé à leur place. Pendant ce temps, ces Officiers ne feront point d'autre Service.

XCIV. Toutes les fois qu'un Détachement sera renvoyé du Rendez-vous, ou sans avoir passé les Gardes ordinaires de l'Armée, cela ne doit point luy servir de Détachement.

XCV. Les Capitaines de Grenadiers qui se trouveront commander un Bataillon par accident, ne marcheront point avec leur Compagnie, & ils resteront pour le Commandement du Bataillon; & toutes les fois que le Major ou

Ayde-Major se trouveront aussi Commandans des Régimens, ils remettront le détail pour vaquer au Commandement du Régiment.

XCVI. Lorsque les Bataillons d'un même Régiment seront separez, soit pour garder quelque Passage, soit pour occuper differens Postes, & que le Commandant d'un des Bataillons se trouvera absent ou malade, le plus ancien Capitaine du Régiment dont la Compagnie se trouvera dans un autre Bataillon, ne sera pas en droit de venir commander ce Bataillon, le Commandement en apartiendra au premier Capitaine qui y aura sa Compagnie, lequel en ce cas sera dispensé de Service.

XCVII. Chaque Major donnera tous les mois au Major general, un Etat exact de la force de son Régiment, & du nombre d'Officiers presens au Camp, avec un autre Etat des Officiers absens, dans lequel il sera expliqué les raisons qui occasionnent leur absence, & le Major general en rendra compte au General de l'Armée.

XCVIII. Quand on aura une fois distribué de la Poudre aux Bataillons, les Majors auront soin que chaque Soldat ait au moins en Poudre & en Balles trente coups à tirer, y compris les charges dont sa Cartouche doit être remplie, avec deux pierres de réchange, & les autres petits Ustensiles necessaires pour l'entretien & la propreté des Armes. S'il arrive qu'un Régiment n'ait pas cette quantité de Poudre, de Balles & de Pierres, le Major rendra compte au Major general de l'employ qui a été fait des dernieres Munitions de Guerre reçûës, & de celles qui luy manquent, afin qu'il obtienne du General un ordre pour les faire fournir à ce Régiment.

XCIX. Quand on fera changer de Paille aux Soldats, ils ne fortiront jamais du Camp pour y aller, fans être conduits par des Officiers commandez, pour les contenir, les ramener & répondre des defordres.

Ils feront conduits avec le même ordre aux Legumes & au Bois.

Pour cet effet, les Majors de Brigade demanderont au Major general, un ordre qui indiquera les Lieux où leurs Brigades iront à la Paille, aux Legumes & au Bois.

C. Tout Soldat, Cavalier, Dragon, ou autre perfonne qui fera trouvé chargé de Hardes ou Uftenfiles qu'ils aporteront de maraude, feront arrêtez & conduits au Prevoft, pour que Juftice en foit faite en conformité des Ordonnances, ou des ordres qu'aura donné le General.

Nul Soldat, Cavalier, Dragon, ou autre perfonne, ne pourra vendre des Hardes ou Uftenfiles fans une permiffion par écrit du Major de leur Régiment.

CI. Lors qu'il fera neceffaire de tenir Confeil de Guerre, il fera compofé de tous les Régimens de la Brigade, qui ne doit faire qu'un même Corps. Il fe tiendra toûjours chez le

Brigadier ou Commandant de la Brigade. Le Major de Brigade priera la veille, avant l'Ordre donné, le Major general d'en demander la permiſſion au General de l'Armée : cette permiſſion obtenuë, le Major de Brigade en avertira le Brigadier , & il y fera toutes les Fonctions, Inſtructions d'Informations du Procez. Dés que le Conſeil de Guerre aura été tenu , il ira avertir le Major general du Jugement rendu & de l'heure de l'Exécution , afin qu'il y faſſe trouver les Piquets que le General trouvera à propos d'y envoyer : ledit Major de Brigade donnera une Copie de la Sentence au Major general auſſi-tôt que l'Exécution aura été faite.

On poſtera le Régiment duquel ſera le Criminel, au centre du terrain où ſe devra faire l'Exécution. Les Piquets de l'Armée ſe poſteront à ſa droite & à ſa gauche, ſuivant le rang que tiennent les Brigades dont ils ſeront ; de ſorte que ceux de la premiere Brigade ſe mettront à ſa droite, ceux de la ſeconde à ſa gauche, & ainſi alternativement des autres : de cette façon , les Piquets des dernieres Brigades formeront le quarré & la ligne qui fera face au Régiment.

Lors qu'on jugera de faire aſſiſter à l'Exécution les Piquets d'une Garniſon voiſine, ils ſeront poſtez ſuivant le rang que tiendra le plus ancien Régiment de cette Garniſon , comme leur Chef de Brigade, étant réputé ne former entr'eux qu'une ſeule & même Brigade : Et lors qu'aprés l'Exécution on fera défiler les Piquets, ils le feront dans le même ordre, le Bataillon ayant la tête.

CII. Défenses à tout Officier de découcher hors de l'Armée, sans une permission par écrit du General.

Les Majors particuliers avertiront le Major de Brigade, des Officiers qui découcheront ou s'absenteront de l'Armée, soit avec congé du General, soit sans Congé, soit qu'ils quittent leurs Emplois: Le Major de Brigade en informera le Brigadier & le Major general, qui en rendra compte au General.

Tout Officier qui aura obtenu un Congé de Sa Majesté, ne pourra en profiter sans l'agrément de son Colonel, & la permission du General.

CIII. Il est trés-expressement défendu à tout Officier de prendre à son service ny d'enrôler dans sa Compagnie, le Domestique d'un autre Officier pendant le cours de la Campagne, sans un Congé en bonne forme de celuy qu'il servoit.

CIV. Tout Officier commandant un Détachement sortant de l'Armée pour aller sur les Ennemis, afin d'aprendre des nouvelles, donnera un mot de raliement, & même autant que faire se pourra, un Rendez-vous marqué à sa Troupe, au cas qu'elle fût rompuë & obligée de se retirer avec précipitation.

L'on donnera aussi le mot de raliement aux

Patroüilles qui fortiront hors d'une Ligne ou
d'un Pofte important & avancé.

CV. Lorfque les Officiers generaux dema-
deront des Détachemens à une Brigade, le Major
de Brigade les fera fournir diligemment, & en
rendra compte au Brigadier & au Major gener.

CVI. Un Régiment ne pourra jamais prendre les Armes dans une Armée, fans la permiffion
du General, à moins qu'il ne luy fût ordonné fur
le champ par un Officier general, alors il les
prendra diligemment : le Major de Brigade
avertira fans retardement le Brigadier & le Maj.
general, qui en rendra compte au General.

CVII. Toutes les fois que chaque Bataillon
prendra les Armes & fe mettra en Bataille, la
Compagnie de Grenadiers fera à la droite & le
Piquet à la gauche, à moins qu'il ne fût campé en
Colomne renverfée ; auquel cas, comme la
gauche fera réputée la droite, la Compagnie de
Grenadiers & le Piquet fuivront l'ordre de leur
Bataillon : S'il arrive que la Compagnie de Grenadiers foit détachée, alors on formera un nouveau Piquet pour remplacer l'ancien Piquet, qui
prendra la place de la Compagnie de Grenadiers
à la droite, & le nouveau Piquet fe mettra à la
gauche; en forte que chaque Bataillon ait tou-
jours un peloton fur fon aîle droite, & un fur fon
aîle gauche : Dés que la Compagnie de Grenadiers fera de retour, le fecond Piquet rentrera
dans le Bataillon, & le premier reprendra fon
Pofte naturel à la gauche.

CVIII.

. CVIII. Lorſque le General voudra faire la Revûë de l'Armée, & dans les autres occaſions où il ne s'agit pas de marcher à l'Ennemy, chaque Bataillon ſera en Bataille à environ trente pas de la tête de ſon Camp, ſur quatre Rangs de hauteur; La Compagnie des Grenadiers & le Piquet ne ſeront ſeparez du Corps du Bataillon que par une File, qui ſe trouvera remplie par les Sergens qui doivent être aux aîles des Rangs; les Tambours ſeront partagez & ſur deux Rangs à la droite des Grenadiers & à la gauche du Piquet; les Sergens ſeront dans les Rangs des Soldats, pour y marquer les diviſions; les Lieutenans ſeront alignez à un grand pas de diſtance du premier Rang des Soldats; les Enſeignes & autres Officiers chargez de porter les Drapeaux, ſeront au centre dans l'Alignement des Lieutenans, à la longueur de leurs Drapeaux les uns des autres, le Drapeau blanc ſur la droite, à moins que le Régiment ne fût campé en Colomne renverſée; alors étant en Bataille comme il ſera campé, le Drapeau blanc ſera ſur la gauche: les Capitaines formeront un Rang à un pas plus en avant que celuy des Lieutenans; le Lieutenant-Colonel ſe placera ſur la droite du Colonel, à un pas plus en avant que le Rang des Capitaines, & le Colonel ſe mettra vis-à-vis les Drapeaux de ſon premier Bataillon, à un pas plus en avant que le Lieutenant-Colonel.

Les Commandans de Bataillon ſe poſteront au centre de leur Bataillon, à un pas plus en avant que le rang des Capitaines.　　　　　　　　D

Le Brigadier fera pied à terre, le Sponton à la main à la tête du premier Bataillon de fa Brigade.

Pour lors le Colonel fe mettra fur fa droite, à un pas derriere luy, & le Lieutenant-Colonel fur fa gauche, à un pas en arriere du Colonel.

Tous les Officiers faluëront du Sponton ou du Fufil dés que le General paffera.

Le Major fera à cheval à la droite des Tambours du premier Bataillon, l'Ayde-Major fera auffi à cheval à la gauche, tous deux fur l'Alignement du premier Rang des Tambours; ils faluëront du chapeau, & le Major fuivra le General le long de fon Régiment, pour luy rendre compte des chofes qu'il pourroit demander; de forte que lorfque le General viendra par la gauche, le Major fe mettra fur la gauche, & l'Ayde-Major fur la droite.

Les Aydes-Majors des fecond, troifiéme & quatriéme Bataillon, fe pofteront fur la droite des Tambours de leur Bataillon.

CIX. Quand il s'agira de combattre, chaque Bataillon ferà toûjours mis en Bataille fur cinq Rangs de hauteur, à moins que le General n'en ordonnât autrement; Les Files & les Rangs feront ferrez à la pointe de l'Epée; les Soldats feront Bayonnette au bout du Fufil, & auront leurs Armes fur le bras gauche.

Le Brigadier fera à pied ou à cheval felon l'occurrence, & il fe placera à la tête du Bataillon de fa Brigade, qu'il jugera le plus convenable ; il aura auprés de luy deux Lieutenans, qui feront commandez à cet effet, pour porter les ordres qu'il pourra avoir à envoyer.

Le Colonel fera pied à terre, le Sponton à la main, au centre de fon premier Bataillon, à un pas du premier Rang des Soldats, avec deux Sergens à côté de luy.

Le Lieutenant-Colonel fera à la droite du Bataillon avec un Sergent prés de luy, le premier Capitaine à la gauche, les autres Capitaines & autres Officiers fe partageront dans le front du Bataillon, & fe pofteront autant qu'il fera poffible à la tête de leurs Compagnies, ils feront dans le premier rang des Soldats; le plus ancien Capitaine, aprés celuy qui aura été commandé pour mener la gauche du Bataillon, fera commandé avec les deux derniers Capitaines, quatre Lieutenans & quatre Sergens pour le ferrefile; le plus ancien de ces trois Capitaines fe placera derriere le centre du Bataillon, le fecond derriere la droite, & le troifiéme derriere la gauche; les Lieutenans fe partageront de façon que chaque Capitaine ait fur fa droite & fur fa gauche un Lieutenant; les Sergens fe partageront devant les Capitaines & les Lieutenans à deux pas du dernier rang des Soldats : Tous ces Officiers de ferrefile pourront être à cheval.

Les Drapeaux feront entre le troifiéme & le quatriéme rang, avec un Sergent & un Caporal à côté de chaque Enfeigne ou autre Officier chargé d'un Drapeau.

Les Sergens qui ne feront pas commandez

pour les fonctions expliquées cy-devant, seront postez à la separation des divisions , afin d'en apuyer les aîles ; les Officiers & Sergens auront en marchant toûjours le Sponton & la Hallebarde haute, apuyée contre l'épaule droite, le tenant quatre doigts au-dessus du Talon, & ils marcheront ainsi en toutes occasions, à l'exception des Revûës & autres lieux où il faudra saluer.

Les Tambours seront derriere la droite & la gauche du Bataillon, afin qu'il soit libre, & d'éviter le desordre qu'ils causent lors qu'ils sont dans les rangs, où ils ne peuvent battre que trés-difficilement.

Le Major sera à la droite de la Compagnie de Grenadiers, l'Ayde-Major à la gauche du Piquet, neanmoins ils se porteront par tout où le bien du Service le demandera, & le Major de Brigade se tiendra autant qu'il sera possible à portée de son Brigadier, afin de faire exécuter ses ordres, & sur tout de faire observer un profond silence.

A l'égard des second , troisiéme & quatriéme Bataillons, chaque Commandant se postera dans le centre avec un Sergent auprés de luy , le premier Capitaine se placera à la droite, le second à la gauche, & le troisiéme commandera le serre-file.

L'Ayde-Major se mettra à la droite.

CX. Toutes les fois qu'on battra la Generale sans qu'elle ait été ordonnée à l'Ordre, les Majors de Brigade se rendront promptement auprés du Major general, afin de recevoir les ordres qu'il aura à leur distribuer.

Alors le Campement fe tiendra prêt enfemble à la tête de chaque Brigade, jufqu'à ce qu'on le demande, ce qui ne fera jamais, en criant de main en main; mais un Officier ira à la premiere Brigade le demander, & de Brigade en Brigade un Officier ira avertir le Campement du Rendez-vous où il doit fe rendre.

CXI. Le jour du Décampement, les Officiers de Piquet monteront à cheval à la Generale, fe partageront à la tête, à la queuë & fur les flancs du Camp de chaque Bataillon; & feront pofer des Sentinelles d'augmentation où ils le jugeront neceffaire, afin d'empêcher les Soldats de fortir du Camp.

CXII. A la Generale, les Sergens & les Caporaux feront préparer les Soldats.

A l'Affemblée, tous les Officiers fe trouveront à la tête de leur Compagnie, pour contenir les Soldats dans leur devoir, & empêcher qu'aucun ne s'é-chape pendant le mouvement du Décampement.

Ils leur feront mettre Tentes à bas, les Sergens & les Caporaux les feront plier diligemment, & obferveront que chaque Soldat raffemble tout fon Equipage, crainte qu'on oublie dans le Camp ny Outils, ny Armement, ny Tente, ny Marmitte ou autres Uftenfiles, ils empêcheront qu'il n'y ait aucune difpute pour les porter, & feront éteindre exactement les feux.

Ils leur feront prendre les Armes; chaque Fourrier fe chargera du Faifceau & du Manteau d'Armes; à l'inftant les Officiers & les Sergens mettront leur Compagnie en haye, fans déborder la place où étoient les Faifceaux ; enfuite les Sergens marqueront les rangs que leur Compagnie doit former, en les égalifant, & en partageant les Recruës également dans chaque rang.

CXIII. Lors qu'on battra le Drapeau, le Major de Brigade fera former les Bataillons du Chef de Brigade, les Majors des autres Régimens qui compofent la Brigade, exécuteront la même chofe, & tous les Bataillons de la Brigade marcheront enfemble en Bataille, à environ quarante pas en avant de leur Camp où ils feront alte.

CXIV. Le Major de la Brigade qui devra avoir la tête de la Colomne, foit qu'on marche par la droite, foit qu'on marche par la gauche ou par le centre, demandera à l'Officier general chargé de conduire la Colomne, par quelles divifions il ordonne qu'on faffe rompre les Bataillons pour les mettre en Colomne ; cet ordre donné, les Majors s'avertiront diligemment d'un Régiment à l'autre, difpoferont leurs Bataillons felon qu'il aura été ordonné.

Dés que la Brigade qui devra avoir la tête de la Colomne, fera rompre fes Bataillons pour fe mettre en Colomne, les autres Brigades exécuteront le même mouvement fans aucun retardement, afin que la Ligne fe déploye en même-temps.

CXV. Les Brigades qui auront la tête des Colomnes, mettront toûjours cent Travailleurs à leur tête, pour ouvrir les Chemins & y faire les Ponts ou autres Paffages neceffaires.

CXVI. Lorſque le terrain le permettra, l'on marchera par quart de rang, c'eſt-à-dire, par quatre Compagnies, non compriſe la Compagnie de Grenadiers & le Piquet, qui doivent toûjours faire deux pelotons ſeparez, l'un à la tête, & l'autre à la queuë de chaque Bataillon : cette maniere de marcher étant la plus belle & la plus aiſée, quand on ne ſera point à portée de l'Ennemy.

Dés que le terrain ſe retreſſira, l'on marchera par demy quart de Rang, c'eſt-à-dire, par deux Compagnies, & dans les Défilez on marchera par Compagnie.

CXVII. Les Capitaines marcheront toûjours à la tête de leur Compagnie, les Lieutenans à la queuë, & les Sergens ſur les aîles des Rangs ; ils feront tous également reſponſables des Soldats de leur Compagnie qui pourroient s'écarter.

Il eſt défendu à tout Officier de quitter ſa diviſion ſans la permiſſion du Commandant de ſon Régiment.

On obligera les Soldats qui auront des beſoins, de laiſſer leurs Fuſils à leurs Camarades, & un Sergent de la Compagnie reſtera avec eux, afin de les faire rejoindre diligemment.

Les Officiers-Majors ſe promeneront continuellement de la tête à la queuë de leur Régiment, pour examiner s'il ne va pas trop vîte, ſi les Officiers ſont à leurs Poſtes & font leurs devoirs, ſi les Soldats conſervent leurs Rangs & leurs diſtances ; ils rendront compte au Commandant de leur Régiment, des Officiers qui n'auront pas toute l'attention neceſſaire à contenir leurs Soldats dans l'ordre convenable.

CXVIII. Il eſt expreſſement ordonné à tout Officier, tel qu'il puiſſe être, d'arrêter tout Soldat, Cavalier & Dragon qui ne ſera pas à ſa Troupe, quand même ſon Régiment ſeroit dans la colomne, de le faire attacher & conduire à ſon Régiment, qui le fera châtier.

CXIX. Lors qu'une Brigade marchera ſeule, le ſecond Régiment de là Brigade ne pourra prétendre de rouler avec le Chef de Brigade, pour avoir l'Avant-Garde tour à tour : Les Régimens d'une Brigade ne compoſant enſemble qu'un même Corps, le Chef de Brigade en aura toûjours la tête, à moins que le Commandant de la Brigade ne jugeât neeeſſaire pour le bien du Service de SA MAJESTE', de la faire marcher en Colomne renverſée.

CXX. Il eſt expreſſement défendu à tout Officier, Soldat, Cavalier & Dragon, de tirer pendant la marche : Les Commandans des Corps en répondront.

CXXI Tous les Officiers, à commencer depuis le Colonel, ſeront en habit uniforme lorſque leur Régiment prendra les Armes, ou qu'ils ſeront commandez pour quelque fonction que ce puiſſe être, ſans qu'aucun puiſſe s'en exempter ; ils ſeront tous armez de Spontons, à l'exception de ceux des Compagnies de Grenadiers, qui le ſeront de Fuſils.

Fin du Service de Campagne.

PROJET

DE REGLEMENT

CONCERNANT

L'EXERCICE

DE L'INFANTERIE,

Tant pour le Maniement des Armes que pour les Evolutions.

TOUS les Officiers s'inſtruiront de façon à pouvoir commander l'Exercice & les Evolutions lorſque leur Superieur le jugera convenable.

Chaque Bataillon ſera mis en Bataille ſur cinq rangs de hauteur, égalez & bien allignez, les files ouvertes à un pas de diſtance, & les Soldats exactement à leur chef de file, les Tambours partagez ſur la droite & ſur la gauche des Bataillons.

Le Major se postera au centre des Troupes, à environ cinquante pas en avant, & commandera en ces termes :

Silence.

Ce Commandement qui est le principe de la Discipline, sera répeté dans les occasions où le Major le jugera convenable.

Messieurs les Officiers on va faire l'Exercice.

A ce Commandement, les Officiers, dix Sergens commandez pour la queuë du Bataillon, feront demy tour à droit ; trois Sergens commandez pour le flanc droit, feront à droit, & trois autres destinez pour le flanc gauche, feront à gauche.

Marche.

Ce Commandement fait, les Officiers, les Sergens & les Tambours partiront ensemble ; les Officiers & les dix Sergens commandez pour la queuë du Bataillon, y passeront, & s'y posteront ; Sçavoir, les Sergens à quatre pas du dernier rang, les Lieutenans, les Sous-Lieutenans & les Enseignes avec leurs Drapeaux, à quatre pas au-delà, & les Capitaines à quatre pas plus loin : les autres Sergens ayant marché en même temps en avant, se placeront & s'alligneront à la tête du Bataillon à cinquante pas : les six Sergens commandez pour les flancs droit & gauche, se posteront à quatre pas des aîles; les Tambours rapelleront en marchant en avant avec les Sergens de la tête; & lors qu'ils seront arrivez à la distance desdits cinquante pas, ils tourneront par la droite & par la gauche, & marcheront le long de l'allignement des Sergens pour se rendre au centre derriere le Major, où ils formeront un rang faisant face au Bataillon.

Les Officiers & les Sergens tant de la tête que de la queuë & des aîles, feront face au Bataillon; ils se tiendront droits, les Armes à la main, chacun dans leur rang & leur distance. Il ne sera permis qu'aux Colonels, Lieutenans-Colonels, Commandans de Bataillon & aux Officiers-Majors, de passer à la tête où bon leur semblera, pour examiner ce qui s'exécute, & ils empêcheront les autres Officiers de parler, de s'asseoir ny de sortir de leur poste: en cet état, tout le monde observera un profond silence. Alors le Major continuera en ces termes:

Prenez garde à vous Bataillons pour faire l'Exercice.

A droit. . . . . quatre fois.

A gauche. . . quatre fois.

Demy tour à droit.

Remettez-vous

Demy tour à gauche.

Remettez-vous.

On obfervera en faifant ces à droit & à gauche, de tourner fur le talon gauche fans changer
de place, ny faire aucune contorfion du corps,
qui doit toûjours demeurer droit dans la même
fituation, les Armes fermes fur l'épaule.

Portez la main droite au Fufil.

On porte brufquement la main droite au deffous de la Platine du Fufil, en faifant glifler la
Croffe de quatre doigts, & en la tournant avec
la main gauche en dedans; de forte que la Croffe
fe trouve prefque fur fon plat, que le Fufil con-
ferve toûjours le même penchant, qu'il ne croife
point, & que les coudes foient élevez à la hauteur des poignets, la tête haute.

Haut le Fufil.

On détache le Fufil de deffus l'épaule avec la
main droite, en faifant à droit, le bras bien
tendu; en forte que le pied & la main arrivent
enfemble dans la même fituation où ils doivent
être, le pied droit fur la même ligne du gauche,
& le pouce à la hauteur & vis-à-vis la bouche.

Joignez le Fufil à la main gauche.

On laiffe tomber le Fufil fur la main gauche,
le bout relevé à la hauteur de l'œil, les bras
tendus, les mains bien placées & détachées d'un
demy pied du corps.

Aprêtez vos Armes.

On fait un Mouvement marqué comme si on armoit le Fusil de la main droite, & on la remet à sa place.

En joüë.

En deux temps ; au premier, on pousse les bras devant soy en les élevant, le pouce de la main gauche à hauteur de la bouche & le long du canon, les bras demy pliez, le Fusil dans le même penchant que quand il est presenté, le pied droit contre le gauche, un peu derriere, le corps sur la hanche gauche, faisant bien face devant soy. Au second, on porte la Crosse à l'épaule droite en lâchant le pied droit en arriere, le genoüil gauche un peu plié, le jarret droit bien tendu, la pointe du pied droit en dedans, & celle du pied gauche en avant, les talons sur la même ligne, la tête haute, & les coudes élevez à la hauteur des poignets.

Tirez.

Sans faire aucun mouvement.

Retirez vos Armes.

On se remet les Armes presentées en appuyant la main droite sur la Crosse, pour relever vivement le bout du Fusil, les mains bien placées, détachées d'un demy pied du corps, les bras tendus, les talons sur la même ligne, & toûjours l'œil sur le bout des Armes.

Mettez le Chien en son repos.

On fait de la main droite un petit mouvement, & l'on la remet en même temps derrie le Chien du Fusil pour l'empoigner.

Essuyez vos Armes.

On fait un petit mouvement de la main droi sur la Platine, pour marquer ce que le Sold doit faire pour essuyer la Pierre, la Batterie le Bassinet de son Fusil, ensuite on remet la mê main derriere le Chien.

Chaque Soldat doit avoir dans sa Cartouch un petit morceau de serge pour cet usage.

Prenez le Fourniment.

On prend le Fourniment de la main droi sans remuer ny le Fusil ny le corps, & on tient, le bras tendu, à un demy pied derrier la Platine.

Amorcez.

On amorce en tenant les Armes plates, & laissant ensuite tomber le Fourniment de luy-même.

Fermez le Bassinet.

En deux temps; au premier, on porte la main droite derriere la Batterie, que l'on ferme.

Au second, l'on porte la même main derriere la Platine, pour empoigner le Fusil, & en relever le bout à la hauteur de l'œil.

Passez le Fusil du côté de l'Epée.

On pousse les bras devant soy, le Fusil de biais, toûjours dans la même situation, le corps sur la hanche gauche, on passe un peu lentement le pied droit, on lâche la Crosse de la main droite; & en même-temps que la gauche tourne le Fusil, on porte la droite à quatre travers de doigts du bout du Canon, & l'on avance le pied droit sur la même ligne que le gauche, la pointe de ce pied en avant, celle du gauche un peu en dedans, les épaules plates & égales, les bras tendus, le pouce de la main droite à la hauteur de l'œil, & la gauche vis-à-vis le Pommeau de l'Epée, empoignant bien ses Armes.

Prenez la Cartouche.

En deux temps; au premier, on va prendre brusquement la Cartouche de la main droite dans son étuy.

Au second, on la porte à côté de soy, le bras bien tendu à la hauteur de l'épaule.

Déchirez-la avec les dents.

En deux temps; au premier, on la porte à la bouche pour la déchirer.

Au second, on la raporte le bras tendu à la hauteur de l'épaule.

Mettez-la dans le Canon.

En un temps, on met la Cartouche dans le Canon, & l'on saisit la Baguette sans faire aucun effort ny mouvement pour la tirer.

Tirez la Baguette.

On tire la Baguette diligemment, & l'on la porte plate le long du bras tendu à la hauteur de l'épaule.

Haut la Baguette.

On prend la Baguette à pleine main, le pouce le long du côté d'en haut, le gros bout en bas, le bras bien tendu.

Racourciffez la Baguette.

En deux temps; au premier, on la porte au flanc au défaut de la hanche.

Au fecond, on gliffe la main jufqu'à trois doigts du gros bout, la tenant parallele au canon du Fufil.

Mettez-la dans le Canon.

En un temps; on la porte brufquement de biais au bout du Canon, & l'on la fait couler infenfiblement dedans.

Bourrez.

En trois temps bien marquez.

Retirez la Baguette.

On retire la Baguette diligemment, & l'on la porte plate le long du bras tendu à la hauteur de l'épaule.

Haut la Baguette.

Ou fait haut la Baguette comme il eft cy-devant expliqué, au lieu que le petit bout doit être en bas.

Racourciffez

Racourciſſez la Baguette.

En deux temps, comme il eſt précedemment expliqué.

Remettez-la en ſon lieu.

En un temps qu'il faut bien marquer, en portant bruſquement la Baguette de biais au bout du Fuſil, & la faiſant gliſſer dans ſon lieu ſans faire de mouvement de la tête ny du corps; enſuite l'on empoigne le Fuſil à quatre doigts du bout, le pouce le long du Canon.

Tirez la Bayonnette.

En deux temps; au premier, on en ſaiſit la doüille de la main droite.

Au ſecond, on la tire & l'on la preſente le bras tendu à la hauteur de l'épaule à un demy pied de diſtance du bout du Canon.

Mettez-la au bout du Canon.

En un temps; il faut obſerver de la mettre dans le bout du Canon ſans contorſion du corps; & dés que la Bayonnette eſt enchâſſée dans le tenon, d'empoigner le Fuſil de la main droite à quatre doigts du bout, le pouce le long du Canon.

Preſentez vos Armes.

En trois temps; au premier, on porte la main droite en dreſſant le Fuſil devant ſoy ſous le chien toûjours à la diſtance d'un demy pied du corps, les bras tendus & ſans contrainte: Au ſecond,

E

on fait un demy tour à droit, le bras bien devant
foy, le pouce à la hauteur de la bouche & les
épaules égales : Au troifiéme, on laiffe tomber le
Fufil fur la main gauche, la pointe du pied gauche
en dehors, celle du droit un peu en dedans, les
bras tendus à un demy pied du corps, ayant
toûjours l'œil fur le bout des Armes.

Aprêtez vos Armes.

On fait un mouvement marqué de la main
droite, on remet en même-temps la main à fa
place, empoignant bien fes Armes.

A droit .... quatre fois.

A gauche .... quatre fois.

Demy tour à droit.

Remettez-vous.

Demy tour à gauche.

Remettez-vous.

Chacun de ces mouvemens fe fait en deux
temps.

Au premier, on dreffe le Fufil devant foy, les
bras toûjours tendus & les Armes détachées du
corps, joignant le pied droit contre le gauche, le
jarret bien tendu.

Au fecond, on lâche le pied, le talon fur la
même ligne du gauche, en laiffant en même temps
tomber le Fufil de biais jufqu'à la hauteur de l'œil.

En jouë.

Tirez.

Comme il a été dit cy-devant.

Retirez vos Armes.

En quatre temps ; au premier, on retire le Fufil prefenté de biais, en raprochant un peu le pied droit du gauche, comme il eft cy-devant expliqué.

Au fecond, on fait un petit mouvement de la main droite, pour faire la démonftration de remettre le chien en fon repos.

Au troifiéme, on fait la même chofe pour fermer le Baffinet.

Au quatriéme, on porte la main droite derriere le chien du Fufil.

Paffez le Fufil du côté de l'Epée.

Comme il eft cy-devant expliqué.

Reprenez la Bayonnette.

En un temps ; on dégage de la main droite la doüille du tenon, on ôte la Bayonnette du Canon, & on la tient le bras tendu à la hauteur de l'épaule.

Remettez-la en fon lieu.

En un temps ; on remet la Bayonnette dans fon Fourreau, obfervant de faire, pour la bonne grace, un tour du bras droit, & de rempoigner auffi-tôt le Fufil à quatre doigts du bout.

E ij

Fusil sur l'Epaule.

En quatre temps ; au premier, on porte la main droite sous le chien du Fusil, le tenant droit devant soit détaché du corps, la main droite vis-à-vis la ceinture.

Au second, on fait à droit, tenant le bras droit tendu, le Fusil devant soy.

Au troisiéme, l'on porte le Fusil sur l'épaule, les coudes élevez à la hauteur des poignets, apuyant assez sur la crosse pour que le Fusil ait le penchant qu'il doit avoir.

Au quatriéme, on laisse tomber la main droite de l'étenduë de son bras, & l'on abat le coude gauche.

Reposez-vous sur vos Armes.

En quatre temps ; au premier, on glisse le Fusil de la main gauche de quatre travers de doigts, tournant la crosse en dedans ; on porte en même-temps la main droite derriere le chien, les Armes gardant toûjours le même penchant.

Au second, on porte le Fusil devant soy avec la main droite, le bras tendu, le pouce à hauteur vis-à-vis la bouche, & les épaules égales.

Au troisiéme, on laisse tomber le Fusil perpendiculairement jusqu'à la longueur du bras droit, en l'empoignant de la main gauche à la hauteur du chapeau, les mains également détachées d'un demy pied du corps.

Au quatriéme, on laisse tomber la crosse à terre, en portant la main droite au-dessus &

joignant la gauche, de maniere qu'elle ne paſſe point la hauteur de la cravatte, & qu'elle ſe trou- ve en ligne perpendiculaire avec la croſſe, les coudes élevez à la hauteur des poignets.

Poſez vos Armes à terre.

En quatre temps; au premier, on tourne le Fuſil en le hauſſant de la main droite juſqu'à la hauteur du chapeau, le coude levé, on gliſſe en même-temps la gauche de la longueur du bras juſqu'auprés du Baſſinet.

Au deuxiéme, on hauſſe le Fuſil avec la main gauche, en portant le pouce de la main droite ſous le Baſſinet, le pouce de la main gauche à la hauteur de la bouche & le long du Canon, les bras tendus & le Fuſil bien droit.

Au troiſiéme, on poſe le Fuſil à terre, le Baſſi- net entre les oreilles des Souliers, les jarrets tendus.

Au quatriéme, on ſe releve avec vivacité.

Reprenez vos Armes.

En quatre temps; au premier, on ouvre les mains & les bras, obſervant d'avoir la tête haute.

Au ſecond, on ſe baiſſe vivement, les jarrets tendus, le pouce de la main droite apuyé ſur le Baſſinet, & la main gauche empoignant les Armes un peu au-deſſus de la batterie.

Au troiſiéme, on ſe releve en tournant les Armes, & en les levant on empoigne de la main droite le Fuſil à la hauteur du chapeau, le bras gauche toûjours tendu & détaché du corps d'un demy pied, la main droite fur la même ligne.

Au quatriéme, on laiffe tomber la croffe à terre en gliffant la main gauche fous & joignant la droite, les coudes levez à hauteur des poignets.

Prefentez vos Armes.

En deux temps; au premier, on hauffe le Fufil de la main droite jufqu'à la hauteur du chapeau, en gliffant en même-temps la main gauche de la longueur du bras, toûjours les mains détachées du corps.

Au fecond, on prefente les Armes en faifant à droit, le pouce de la main gauche fous le Fufil.

Repofez-vous fur vos Armes.

En deux temps; au premier, on porte la main droite au bout du Fufil à la hauteur du chapeau, & on fe remet par un à gauche, les talons fur la même ligne, le bras gauche de fon étenduë & les Armes détachées du corps.

Au fecond, on laiffe tomber la croffe du Fufil perpendiculairement, en gliffant la main gauche deffous, & joignant la main droite les coudes élevez.

Fufil fur l'Epaule.

En cinq temps; au premier, on leve le Fufil avec la main droite à la hauteur du chapeau, en gliffant la gauche de l'étenduë de fon bras.

Au fecond, on porte la main droite fous le chien du Fufil hauffant un peu la gauche, pour donner l'aifance à la droite d'y atteindre fans contrainte.

Au troisiéme, on porte le Fusil de la main droite devant soy , le bras tendu , le pouce à hauteur de la bouche , le corps droit , les épaules égales.

Au quatriéme, on porte le Fusil sur l'épaule , les coudes élevez à la hauteur des poignets , apuyant assez sur la crosse, pour que le Fusil ait le penchant qu'il doit avoir.

Au cinquiéme , on laisse tomber la main droite de l'étenduë de son bras, & l'on abat le coude gauche.

Fusil sur le bras gauche.

En trois temps ; au premier , on porte brusquement la main droite derriere le Chien du Fusil en faisant glisser la Crosse de quatre travers de doigts, & en la tournant avec la main gauche en dedans, de façon qu'elle soit presque sur son plat, les coudes élevez à la hauteur des poignets.

Au second, on porte le Fusil devant soy avec la main droite, le bras tendu, le pouce à la hauteur de la bouche, & les épaules égales.

Au troisiéme , l'on met le Fusil sur le bras gauche, le long de la jointure du bras à l'épaule, les bras de leur étenduë, la main gauche sur la droite, qui tient le Fusil.

Reposez-vous sur vos Armes.

En deux temps ; au premier, on dresse avec la main droite, & l'on porte la gauche à environ un demy pied du bout du Fusil, les Armes détachées du corps.

Au second, on laiſſe tomber la Croſſe du Fuſil à terre, en portant la main droite au-deſſus de la gauche, les coudes élevez à la hauteur des poignets.

Fuſil ſur le bras gauche.

En quatre temps ; au premier, on leve le Fuſil avec la main droite en gliſſant la gauche de l'étenduë de ſon bras, pour le ſaiſir au-deſſus de lâ Platine.

Au ſecond, on porte la main droite ſous le Chien du Fuſil, le hauſſant un peu de la gauche, pour donner à la droite la facilité d'y atteindre ſans contrainte.

Au troiſiéme, on porte le Fuſil de la main droite devant ſoy, le bras tendu, le pouce à la hauteur de la Cravatte.

Au quatriéme, on met le Fuſil ſur le bras gauche, le long de la jointure de l'épaule.

Fuſil ſur l'épaule.

En trois temps ; au premier, on porte le Fuſil de la main droite devant ſoy, le bras tendu, le pouce à la hauteur de la bouche, les épaules égales.

Au ſecond, on porte le Fuſil ſur l'épaule, les coudes élevez à la hauteur des poignets.

Au troiſiéme, on laiſſe tomber la main droite, & l'on abbat le coude gauche.

Preſentez vos Armes.

En trois temps ; au premier, on porte la main droite contre le chien du Fuſil, en faiſant gliſſer

la croſſe de quatre travers de doigt, & en la tournant avec la main gauche ſur ſon plat, les coudes
élevez à la hauteur des poignets.

Au ſecond, on détache le Fuſil de deſſus
l'épaule avec la main droite le bras tendu, le
pouce de la main droite à la hauteur de la bouche.

Au troiſiéme, on joint le Fuſil à la main gauche, en faiſant à droit, en ſorte que la main & le
pied arrivent enſemble, les pieds ſur la même
ligne, les Armes détachées d'un demy pied du
corps.

Paſſez vos Armes en Bandouliere.

En quatre temps; au premier, on leve le Fuſil
de la main droite devant ſoy en faiſant à gauche,
le bras tendu, le pouce à la hauteur de la bouche,
en même temps on ouvre la Bandouliere avec la
main gauche, le bras tendu à côté de ſoy.

Au ſecond, on croiſe les bras de façon que la
main gauche qui a paſſé derriere le Fuſil avec la
Bandouliere, ſe trouve du côté droit, & le Fuſil
toûjours droit du côté gauche.

Au troiſiéme, on paſſe la Bandouliere par
deſſus le chapeau & l'épaule gauche, on laiſſe
tomber le Fuſil en arriere, dont la croſſe ſe trouve
du côté gauche.

Au quatriéme, on lâche les mains qui reſtent
pendantes à côté de ſoy.

Preſentez vos Armes.

En trois temps; au premier, on ſaiſit la Bandouliere de la main gauche ſur la poitrine, pour

foulever le Fufil, en forte que la Croffe vienne un
peu en avant; en même temps on l'empoigne avec
la main droite au deffous de la Platine.

Au fecond, on dépaffe le Fufil en faifant à
droit, & on le tient devant foy de la main droite,
le bras bien tendu, le pouce à la hauteur de la
bouche, & l'on tient de la gauche la Bandouliere,
le bras tendu à côté de foy.

Au troifiéme, on lâche la Bandouliere, & l'on
joint le Fufil à la main gauche le tenant de biais.

Paſſez le Fuſil ſous le bras gauche.

En deux temps; au premier, on fait à gauche,
& l'on paffe le Fufil fous le bras gauche en le
faifant tourner fur la main gauche, qui doit
couler par derriere fous le Canon, la Souſgarde
en deffus, & la Platine apuyée fur le côté du
Soldat.

Au fecond, on lâche la main droite.

Preſentez vos Armes.

En deux temps; au premier, on empoigne le
Fufil de la main droite contre la Soufgarde.

Au fecond, on fait à droit, on raporte le Fufil
de biais; & en y joignant la main gauche, on le
tourne affez pour que la droite qui étoit derriere
la Soufgarde, revienne derriere la Platine.

Portez le Fuſil la Croſſe haute.

En quatre temps; au premier, on fait à gauche, en même temps on tourne le Fufil de la main
gauche, la Croffe en haut, & l'on porte la main
droite à la moitié du Canon, les bras tendus

devant foy, les pouces l'un vers l'autre, le Porte-vis de la Platine vis-à-vis le bord du Chapeau.

Au fecond, on empoigne le Fufil de la main gauche en la portant à un demy pied au deſſous de la droite.

Au troiſiéme, on la porte fur l'épaule, la Croſſe trés-élevée, les coudes à la hauteur des poignets.

Au quatriéme, on laiſſe tomber la main droite, & l'on abbat le coude gauche.

Prefentez vos Armes.

En trois temps; au premier, on porte la main droite au Fufil au deſſus de la gauche.

Au fecond, on le leve des deux mains droit devant foy, la Croſſe haute, les bras tendus.

Au troiſiéme, on renverſe la main gauche au deſſus de la droite prés la Platine, les deux pouces vis-à-vis l'un de l'autre le long du Canon; en même temps on fait à droit, l'on tourne le Fufil de la main gauche, & l'on place la droite derriere la Platine.

Fufil fur l'épaule.

En trois temps; au premier, on porte le Fufil devant foy en faifant à gauche, le bras tendu, le pouce à la hauteur de la bouche.

Au fecond, on porte le Fufil fur l'épaule, les coudes à la hauteur des poignets.

Au troiſiéme, on laiſſe tomber la main droite le long de la hanche, & l'on abbat le coude gauche.

Fin du Maniement des Armes.

EVOLUTIONS MILITAIRES.

ARTICLE PREMIER.

FAIRE RENTRER AU BATAILLON les Officiers, les Drapeaux, les Sergens & les Tambours, & en faire serrer les Files.

LE Maniement des Armes finy, on fera les Commandemens suivans.

Messieurs les Officiers, Sergens & Tambours à vos postes.

Le premier Commandement n'est que pour avertir.

Bat Tambour.

Au second, les Officiers, les Sergens & les Tambours partiront pour retourner à leurs postes. Les Tambours rapelleront jusqu'à ce qu'ils y soient arrivez.

Pour faire ſerrer les files.

On fait ſerrer les files ſur la droite ou ſur la gauche ſelon l'occurrence, mais la methode de ſerrer les files ſur le centre, eſt la plus convena-ble, quand il n'y a point de raiſon qui oblige de faire autrement.

Dans ce dernier cas on avertira une file du centre de ne pas bouger, & le Major fera les Commandemens ſuivans.

Bataillon prenez garde à vous pour ſerrer vos files ſur le centre.

Que la file du centre ne bouge.

Le premier & le ſecond Commandement ne ſerviront que pour avertir.

A droit & à gauche ſerrez vos files.

Au troiſiéme, le demy rang de la droite fera à gauche, & le demy rang de la gauche fera à droit.

Marche.

Au quatriéme, les files marcheront & ſe ſerre-ront ſur le centre.

Remettez-vous.

Au cinquiéme, le demy rang de la droite fera à droit, celuy de la gauche à gauche pour ſe remettre.

On comprend aiſément qu'on fait ouvrir les files, ſoit par la droite, ſoit par la gauche, ſoit par le centre à droit & à gauche, en exécutant le contraire de cette Evolution.

ARTICLE II.

BORDER LA HAYE OU SE METTRE en Haye, ou former des Hayes.

BOrder la haye ou se mettre en haye, c'est composer une seule haye avec plusieurs rangs ou avec une certaine quantité d'hommes; & former des hayes, c'est composer plusieurs hayes avec un nombre de files; ainsi on forme des hayes par Compagnie ou par division.

Pour bien faire cette Evolution, il faut observer de tenir la distance des rangs aussi éloignée que le nombre d'hommes qui doit border la haye, ou former des hayes, peut tenir d'espace.

De toutes les occasions dans lesquelles on est obligé de former de hayes, celle où l'on pratique le plus convenablement cette Evolution, est quand il faut mettre les Bataillons sur plus ou moins de hauteur.

L'avantage de ce mouvement est qu'il se fait sans rien changer à l'ordre naturel des Compagnies, attention qu'il est important d'avoir dans tous ceux qu'on fait faire aux Troupes.

Pour augmenter ou diminuer la hauteur des Bataillons.

Suposé qu'un Bataillon soit en Bataille sur

quatre rangs de hauteur , & qu'on veüille le
mettre fur cinq, fur fix, fur fept, &c. on exécutera ce qui fuit.

Par exemple , pour mettre un Bataillon fur
cinq rangs de hauteur, on en fera marquer les
files par cinq, enfuite on commandera :

Demy tour à droit.

A gauche par cinq formez des hayes.
Marche.

Demy tour à gauche.

Les hayes étant formées de vingt hommes
chacune, on les marquera par quatre files, &
l'on commandera :

A droit par quatre formez des rangs.

Marche.

Ce dernier Commandement exécuté , les
hayes formeront cinq rangs, fur lefquels le Bataillon fe trouvera en Bataille.

En cas que les files qui fe trouveront tirées
des premiers rangs pour compofer le dernier,
laiffent du vuide dans les rangs, on fera ferrer
les files à droit & à gauche fur le centre.

Si l'on veut mettre un Bataillon qui eft en
Bataille fur quatre rangs de hauteur fur fix rangs,
on fera marquer les files par fix pour former
des à gauche par fix, comme il eft cy-devant

pour le nombre de cinq, & l'on fera former les
rangs par quatre.

Si lors qu'un Bataillon est en Bataille sur cinq
rangs, on veut le mettre sur six, il n'y a qu'à
luy faire former des hayes par six, & réformer
les rangs par cinq.

Et si celuy-cy étant en Bataille sur six rangs,
on veut le mettre sur sept, il faut luy faire former des hayes par sept, & réformer des rangs
par six.

On comprendra aisement qu'on pourra de
même diminuer la hauteur d'un Bataillon ; de
sorte que lors qu'il sera en Bataille sur quatre
rangs de hauteur, & qu'on voudra le mettre à
trois, on fera former les hayes par trois, & former des rangs par quatre.

Si un Bataillon étant en Bataille sur cinq rangs,
on veut le mettre sur quatre, il faut luy faire
former les hayes par quatre, & réformer les
rangs par cinq.

On observera seulement quand on voudra
augmenter le front du Bataillon, d'en faire ouvrir
les files à proportion du terrain qu'on pourra
tenir avant de faire former les hayes.

Il y a une infinité d'occasions où les Officiers-
Majors trouveront à se servir de cette methode
utilement ; par exemple, lorsqu'ils auront fait
l'Inspection des trois hommes par Compagnie
qui doivent former le Piquet.

Ils pourront marquer les files par quatre, &
faire former des hayes par quatre ; par ce mouvement,

ment, les hayes fe trouveront compofées de douze hommes; or en faifant former les rangs par trois, le Piquet fe trouvera en Bataille fur quatre rangs; de même lorfqu'on voudra le mettre fur trois rangs, afin d'en faire l'Infpection par Déta-chement de Compagnie, il n'y a qu'à faire former les hayes par trois, & former les rangs par quatre, en obfervant dés que les files feront marquées de faire faire demy tour à droit, & aprés qu'on aura fait former les hayes à gauche, de faire faire demy tour à gauche pour reformer les rangs à droit, afin de ne point déranger la droite ny l'ordre des Compagnies.

Par cette methode auffi facile que fimple, lorf-que le Piquet fera en Bataille à trois de hauteur, & qu'on voudra le mettre fur cinq, il n'y a qu'à faire former les hayes par cinq, & former les rangs par trois.

Supofé encore qu'étant à trois de hauteur, on veüille le mettre à fix, alors il n'y a qu'à faire doubler les files, ce mouvement eft encore plus fimple.

ARTICLE III.

ROMPRE LE BATAILLON, marcher en Colomne, & le reformer en Bataille.

ON ne marquera plus dorênavant les divisions des Bataillons par tiers, demy tiers, &c. & l'on ne se servira plus de termes de manche, demy manche, quart de manche, &c.

On les marquera par demy rang, par quart de rang, par demy quart de rang, & par seize divisions pour les Bataillons du Regiment des Gardes Françoises & Suisses & pour les Etrangeres. On les marquera de même dans toute l'Infanterie Françoise, de sorte que le demy rang sera toûjours composé de huit Compagnies, le quart de rang de quatre Compagnies, le demy quart de rang de deux Compagnies, & les divisions de seize se trouveront naturellement formées par chaque Compagnie, fortes ou foibles telles qu'elles se trouveront.

On observera seulement d'égaler les rangs des Compagnies, en mettant les hommes surnumeraires des plus fortes dans les plus foibles.

On se servira des termes de rompre ou de former le Bataillon dans les Commandemens que l'on fera, selon l'exigence du cas.

Pour faire rompre le Bataillon.

On separera la Compagnie des Grenadiers & le Piquet de la distance d'une file du corps du Bataillon, afin qu'ils fassent leurs mouvemens separément, l'une à la tête, l'autre à la queuë; ensuite on marquera les divisions sans mêler les Compagnies par demy rangs, par quarts de rangs, & par demy quarts de rangs, ausquels on fera mettre des Sergens, tant pour les marquer que pour faire exécuter par les Soldats les Commandemens qui seront faits.

Avant de faire rompre le Bataillon, on en fera serrer les derniers rangs à la pointe de l'Epée par les Commandemens suivans.

Que les Chefs de files ne bougent.

Je parle aux trois derniers rangs.

Serrez vos rangs en avant.

Marche.

Les rangs serrez à la pointe de l'Epée, on fera rompre le Bataillon à droite par demy quarts de rangs, par les Commandemens suivans.

Prenez garde à vous Bataillon pour vous rompre par demy quart de rang.

A droit par demy quart de rang rompez le Bataillon.

Le premier & le second Commandement ne font que pour avertir.

Marche.

Au troifiéme, les Tambours battront aux champs, la droite de la Compagnie des Grenadiers foûtiendra, la gauche marchera d'un pas égal fans courir : Les demy quarts de rangs du Bataillon & le Piquet exécuteront les mêmes chofes jufqu'à ce qu'ils fe trouvent en colomne ; alors tout le monde marchera devant foy, & les rangs reprendront infenfiblement leur diftance ordinaire, fixée à quatre grands pas ; en cet état, on fera tourner de differens côtez, le Bataillon marchant toûjours en colomne, afin d'aprendre aux Soldats à bien marcher dans leurs rangs, & à les faire tourner fans les tauffer ny les rompre.

Pour faire réformer le Bataillon.

Le Major obfervera d'en faire marcher la tête trés-lentement, de faire garder aux divifions les diftances convenables pour fe mettre en Bataille, & de faire ferrer en marchant les derniers rangs à la pointe de l'Epée : Dés qu'il apercevra que les diftances des divifions feront juftes, il commandera en ces termes :

Alte.

Au premier Commandement, les Tambours cefferont de battre, tout le monde s'arrêtera & prêtera attention.

A gauche formez le Bataillon.

Le fecond ne fervira que d'avertiffement.

Marche.

Au troisiéme, les Tambours battront au Drapeau, les gauches de la Compagnie de Grenadiers, des Divisions & du Piquet soûtiendront, & les droites marcheront jusqu'à ce que le Bataillon soit formé.

Alte.

Au quatriéme, les Tambours cefferont de battre, & tout le monde fera Alte.

On fera exécuter ces mouvemens pour rompre par la gauche, & former par la droite le Bataillon, avec les attentions cy-devant expliquées.

On fera auffi rompre & former le Bataillon tant par la droite que par la gauche, soit par quart de rang, soit par demy rang, sans changer l'ordre de la Compagnie de Grenadiers ny du Piquet, à moins que ce ne soit pour faire défiler le Bataillon par quatre, six ou huit files.

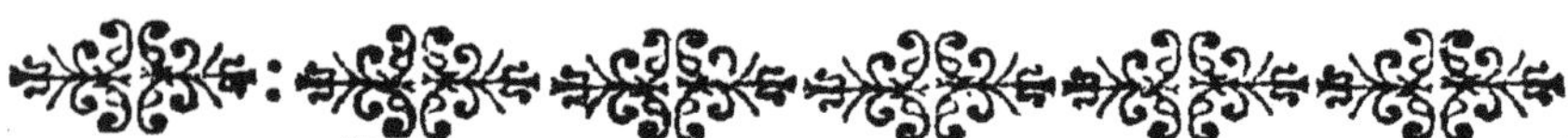

ARTICLE IV.

FAIRE LES MESMES MOUVEMENS au son du Tambour.

Comme le son du Tambour se fait beaucoup mieux entendre que la voix, & que l'extinction de voix qui arrive presque toûjours aux Majors pendant le chaud & la poussiere, les empêche d'être entendus intelligiblement , on fera faire les Mouvemens exprimez au précedent Article au son du Tambour. Lorsque les Troupes y seront habituées , elles exécuteront les Commandemens faits de cette façon aussi bien qu'à la voix.

Pour y parvenir , on leur expliquera plusieurs fois la signification des Commandemens selon les differentes batteries des Tambours : il sera même bon de les donner par écrit aux Officiers & Sergens , afin qu'ils les aprennent parfaitement aux Soldats.

SÇAVOIR,

Lorsque les Tambours rapelleront , cette batterie signifiera serrer les derniers rangs à la pointe de l'Epée.

Un petit roulement fera entendre que ce sera par la droite qu'il faudra faire le Mouvement.

Deux petits roulemens signifieront que ce sera par la gauche.

Huit coups de Baguettes distinctement battus , signifieront que ce sera par demy rangs que le Mouvement devra se faire.

Quatre coups de Baguettes , par quarts de rangs.

Deux coups de Baguettes , par demy quarts de rangs.

Un coup de Baguette , par Compagnie , ou par seize divisions.

Quand ils battront au Drapeau , ce sera pour

former le Bataillon & se mettre en Bataille.

Lors qu'ils battront aux Champs, ce sera pour rompre le Bataillon, se mettre en colomne & marcher.

Les Majors observeront de faire faire ces Commandemens par les Tambours qui se trouveront le plus à portée d'eux, & de faire faire silence aux autres.

ARTICLE V.

DE LA CONTREMARCHE par Rangs, par demy Rangs & par quarts de Rangs.

LA Contremarche par rangs doit se pratiquer pour porter la droite du Bataillon à la gauche, & par consequent mettre la gauche à la droite.

On est souvent obligé de faire la Contremarche par rangs de divisions pour remettre les Compagnies & les divisions dans leur ordre naturel, lors qu'elles s'en trouvent dérangées par les divers mouvemens qu'on a été obligé de faire : Par exemple, quand on aura rompu les Bataillons à droit par quart de rang, & que l'occurrence demandera qu'on se mette en Bataille en faisant former les Bataillons à droit par quart de rang, ce mouvement fera que non-seulement la droite de chaque Bataillon ſe trouvera à la gauche, & la gauche à la droite, mais encore l'ordre naturel des Compagnies & des diviſions ſe trouvera de même renverſé : alors on fera faire la Contremarche à gauche par quart de rang, & enſuite la Contremarche à gauche par rang entier ; comme il ſera cy-aprés expliqué.

Pour faire la Contremarche à droit par rangs entiers.

On fera mettre un Sergent à chaque aîle de rang de la droite de la Compagnie des Grenadiers , & l'on commandera en ces termes :

Rangs prenez garde à vous pour faire la Contremarche.

Le premier Commandement n'eſt que pour avertir.

A droit par rangs faites la Contremarche.

Au ſecond Commandement, les quatre rangs feront à droit ſur le talon gauche.

Marche.

Au troiſiéme , ils partiront enſemble, & iront tourner au tour du Sergent poſté à l'aîle de chaque rang , pour ſe replier par la droite , afin d'aller gagner la gauche par derriere leur même rang : A meſure que la queuë de chaque rang arrivera , la tête ſe jettera un peu ſur la droite pour ſe mettre dans le terrain de l'allignement de chaque rang, & les files s'arrêteront dans les places qu'occupoient celles de la gauche, qui exécuteront la même chose sur la droite ; de sorte que les files de la droite se trouveront à la gauche, & celles de la gauche à la droite.

On recommandera aux Soldats de marcher lentement & exactement à leurs chefs de file.

A droit.

Au quatriéme, ils feront à droit pour faire face à la tête.

Pour faire la Contremarche à gauche par rangs.

On fera mettre un Sergent à chaque aîle de rang de la gauche du Piquet, & l'on commandera en ces termes :

Rangs prenez garde à vous pour faire la Contremarche.

A gauche par rangs faites la Contremarche.

Marche.

Cette Evolution s'exécutera par la gauche, en pratiquant sur la gauche les mêmes choses expliquées pour la droite, au moyen dequoy les rangs se retrouveront dans leur ordre naturel.

Pour faire la Contremarche à droit par demy rangs.

On fera mettre des Sergens au demy rang, outre ceux qu'on aura mis aux aîles des rangs, & l'on commandera en ces termes.

Demy rangs prenez garde à vous pour faire la Contremarche.

Le premier Commandement n'est que pour avertir.

A droit par demy rangs faites la Contremarche.

Au second, chaque demy rang fera à droit.

Marche.

Au troisiéme, ils partiront ensemble, & tourneront chacun sur la droite du demy rang, pour exécuter les mêmes choses qu'ils auront pratiquées par rangs entiers ; par cette Evolution, les Soldats qui étoient à l'aîle droite se trouveront au centre, & ceux de la droite du centre du demy rang de la gauche se trouveront à la gauche, en sorte que la Compagnie de Grenadiers & le Piquet se trouveront dans le centre.

A droit.

Au quatriéme, les demy rangs feront à droit pour faire face à la tête.

On fera recommencer cette Evolution, afin de

faire remettre les demy rangs dans leur ordre naturel par les Commandemens ſuivans.

Demy rangs prenez garde à vous pour faire la Contremarche.

A gauche par demy rangs faites la Contremarche.

Marche.

A gauche.

Cette Evolution eſt la répetition de la precedente.

Pour faire la Contremarche à droit par quarts de rangs.

On fera mettre des Sergens aux aîles droites des rangs de la Compagnie des Grenadiers, à celles des rangs des quarts de rangs, & à celles des rangs du Piquet.

La Compagnie de Grenadiers, les quarts de rangs & le Piquet avertis, on fera les Commandemens ſuivans.

Quarts de rangs prenez garde à vous pour faire la Contremarche.

Le premier Commandement ſervira ſeulement d'avertiſſement.

A droit par quarts de rangs faites la Contremarche.

Au second, le Bataillon fera à droit.

Marche.

Au troisiéme, la Compagnie de Grenadiers chaque quart de rang & le Piquet, feront chacun feparément la Contremarche à droit, ainſi qu'on l'aura exécuté par rangs & demy rangs.

A droit.

Au quatriéme, le Bataillon fera à droit, pour faire face à la tête.

On fera recommencer cette Evolution, afin de faire remettre la Compagnie de Grenadiers, les quarts de rangs & le Piquet dans leur ordre ordinaire, en conformité des Commandemens ſuivans.

Quarts de rangs prenez garde à vous pour faire la Contremarche.

A gauche par quarts de rangs faites la Contremarche.

Marche.

A gauche.

Les Officiers obſerveront de faire à la tête de leur diviſion, le même mouvement qu'elle fera; les Sergens qui ne feront pas deſtinez pour faire ourner les aîles des rangs, soit des demy rangs, soit des quarts de rangs & autres divisions, marcheront dans le rang avec les Soldats.

ARTICLE VI.

DES CONVERSIONS ORDINAIRES.

LA Conversion entiere est composée de quatre quarts, & la demy Conversion de deux quarts.

Pour faire un quart de Conversion.

On fera joindre la Compagnie de Grenadiers & le Piquet au Bataillon ; on fera mettre les Tambours sur la droite & sur la gauche & serrer les derniers rangs à la pointe de l'Epée ; on fera aussi mettre les Officiers dans le premier rang, eux & les Sergens feront haut le Sponton & la Hallebarde ; ensuite pour faire faire un quart de Conversion à droit, le Major commandera en ces termes.

Prenez garde à vous Bataillon pour faire un quart de Conversion.

A droit faites un quart de Conversion.

Marche.

Alte.

Ces Commandemens s'entendent assez & n'ont pas besoin d'explication.

Ce quart de Converſion finy, on fera faire un
quart de Converſion à gauche, enſuite un demy
tour de Converſion à droit.

Pour faire un demy tour de Converſion à droit.

On fera les Commandemens ſuivans.

*Prenez garde à vous Bataillon pour
faire un demy tour de Converſion.*

A droit faites un demy tour Converſion.

Marche.

Alte.

Ce demy tour de Converſion finy, on en fera
faire un autre par la gauche.

Pour faire la Converſion entiere,

On commandera en ces termes.

*Prenez garde à vous Bataillon pour
faire un tour de Converſion.*

A droit faites un tour de Converſion.

Marche.

Alte.

Ce tour de Converſion finy, on en fera faire
un autre par la gauche.

OBSERVATIONS

Qu'il convient de faire pour bien exé-cuter la Conversion.

AU Commandement de *MARCHE*, les Tambours battront aux champs, tout le Bataillon se mettra en mouvement du pied gauche; l'aîle qui doit faire la circonference, marchera devant soy d'un pas leger & égal, sans courir; le centre moderera à proportion sa marche, & elle diminuera infiniment vers l'aîle qui doit soûtenir, laquelle ne doit que remuer en s'approchant du Sergent qui doit faire le pivot & tourner insensiblement.

Les Officiers, Sergens & Soldats auront attention, lorsqu'ils tourneront à droit de regarder sur la droite, de même quand il tourneront à gauche de regarder sur la gauche, jusqu'à ce que la Conversion soit faite; neanmoins ceux qui seront de l'aîle qui soûtiendra, jetteront de temps en temps un coup d'œil sur celle qui tournera, afin de se mieux alligner: le centre observera aussi de marcher assez en avant pour contenir les aîles dans le terrain de circonference, sans quoy il arrivera que les aîles devanceront le centre & le serreront sur le milieu, de façon qu'il faudra qu'il créve & demeure derriere, ce qui n'arrivera jamais dés que le centre se maintiendra sur l'allignement de l'aîle qui tournera & de celle qui soûtiendra.

Au Commandement de *ALTE*, les Tambours cefferont de battre, & le Bataillon s'arrêtera.

On obfervera dans toutes fortes de mouvemens, de ne jamais trop ferrer les files, en forte que les Soldats ayent les coudes libres, afin d'avoir la facilité qui leur eft neceffaire pour bien marcher.

ARTICLE VII.

DE LA CONVERSION CENTRALE, *apellée vulgairement le Moulinet.*

Pour faire le quart de Converfion centrale.

IL faut que les rangs foient ferrez à la pointe de l'Epée, comme pour les Converfions ordinaires ; faire mettre un Sergent au demy rang, entre les fecond & troifiéme rangs, c'eft-à-dire, dans le centre du Bataillon, afin d'y fervir de pivot ; & commander enfuite en ces termes.

Prenez garde à vous Bataillon pour faire le quart de Converfion centrale.

Le premier Commandement n'eft que pour avertir.

Demy rang de la droite demy tour à droit.

Au second, le demy rang de la droite fera demy tour à droit.

A droit par demy rangs faites le quart de Converſion centrale.

Le troiſiéme, ne ſervira que d'avertiſſement.

Marche.

Au quatriéme, les demy rangs marcheront par les aîles & ſoûtiendront par le centre, juſqu'à ce que le quart de Converſion ſoit fait.

Alté.

Au cinquiéme, tout le Bataillon fera alte.

Demy rangs de la droite remettez-vous.

Au ſixiéme, le demy rang de la droite fera demy tour à gauche ; au moyen duquel, le Bataillon fera face du côté où il avoit le flanc droit.

On fera faire cette Evolution par la gauche, en obſervant de faire faire demy tour à gauche au demy rang de la gauche ; de commander *A gauche par demy rang faites le quart de Converſion centrale*, & de faire remettre le demy rang de la gauche aprés que le quart de Converſion ſera achevé ; au moyen dequoy, le Bataillon ſe trouvera dans la même place qu'il occupoit.

G

Pour faire le demy tour de Conver-sion centrale à droit.

On fera les Commandemens suivans.

Prenez garde à vous Bataillon pour faire le demy tour de Conversion centrale.

Demy rang de la droite demy tour à droit.

A droit par demy rang faites le demy tour de Conversion centrale.

Marche.

Alte.

Demy rang de la droite remettez-vous.

Par cette Evolution, le Bataillon fera face à la queuë.

On fera faire la même Evolution par la gauche, en faisant les Observations cy-devant expliquées pour le quart de Conversion centrale à gauche, afin de faire remettre le Bataillon, & par consequent de luy faire faire face à la tête.

Pour faire le tour entier de Con-version centrale.

Le tour entier étant le double du demy tour,

les mêmes Obſervations pour le demy tour ſont propres au tour entier : Il n'y a donc qu'à ſe ſervir du terme *DE TOUR ENTIER* ; c'eſt la ſeule difference qu'il y a dans les Commandemens.

Il eſt neceſſaire d'avertir les Troupes une fois pour tout, d'obſerver que les Soldats doivent toûjours exécuter les Commandemens de *REMETTEZ-VOUS*, par le contraire du mouvement précedent ; c'eſt-à-dire, que ſi ils ont fait à droit, de ſe remettre par un à gauche ; que s'ils ont fait à gauche, de ſe remettre par un à droit, & que ce doit être la même choſe pour les demy tours.

ARTICLE VIII.

DU RALIEMENT.

ON accoûtumera les Bataillons à ſe ralier & à ſe mettre en Bataille d'eux-mêmes : Pour y parvenir, un Officier-Major de chaque Batail-lon ira ſe poſter avec les Officiers qui portent les Drapeaux & les Tambours, dans un lieu inégal & d'un abord difficile : Pendant ce temps, on fera paſſer le Fuſil en Bandouliere, ou le porter la Croſſe haute : Cela fait, chaque Officier-Major fera battre au Drapeau, & fera regarder les Officiers chargez des Drapeaux du côté où il faut que le Bataillon faſſe face : Alors le Commandant de chaque Bataillon, fuivy des Officiers, Sergens & Soldats, coureront de toute leur force pêle-mêle pour aller joindre leurs Drapeaux. Les Officiers & les Sergens ralieront promptement leurs Compagnies, & leur feront réformer leurs rangs pour fe mettre en Bataille malgré la difficulté du terrain. Ces Officiers-Majors obferveront autant qu'il fera poffible, qu'il y ait des Hayes, des Foffez, & même des Défilez à paffer, & que le lieu où il faudra fe mettre en Bataille foit montueux & remply de Broffailles.

Ils obferveront encore de faire faire face de different côté à celuy où ils étoient en Bataille, afin d'habituer les Officiers & les Soldats à placer d'eux-mêmes la droite & la gauche de leur divifion où elle doit être poftée.

On fera repeter fouvent, & dans differens terrains, ces mouvemens, pendant lefquels on fera obferver un profond filence.

ARTICLE IX.

DU PASSAGE DU DEFILE' ou du Pont, ainsi que de la maniere de former & de déployer la Colomne.

Pour former la Colomne par le centre, afin de paſſer le Défilé ou le Pont.

ON fera ſerrer les rangs à la pointe de l'Epée, les Drapeaux feront placez entre les ſecond & troiſiéme rangs : On marquera les huit files du centre du Bataillon par leſquelles il devra marcher, & l'on formera à vingt pas de la tête du centre, deux hayes de Sergens pour déſigner le défilé, auquel on donnera dix pas d'eſpace.

Toutes ces choſes exécutées, le Major commandera en ces termes :

Prenez garde à vous Bataillon pour paſſer le Défilé.

Que les dix files du centre ne bougent.

Je parle au reſte du Bataillon.

Les premier, ſecond & troiſiéme Commandemens ne ſerviront que d'avertiſſement.

A droit & à gauche.

Au quatriéme, le reste du demy rang de la droite, y compris la Compagnie de Grenadiers, fera à gauche ; le reste du demy rang de la gauche, y compris le Piquet, fera à droit.

Marche.

Au cinquiéme, le Commandant marchera droit au défilé avec les dix files du centre : en même-temps les deux demy rangs marcheront l'un à l'autre : & à mesure que les dix files du centre cederont leur terrain, la premiere file de chaque demy rang y tournera pour suivre les dix files du centre ; c'est-à-dire, que les chefs de files des demy rangs de la droite & de la gauche soûtiendront, & les serrefiles marcheront pour se joindre de chaque côté ; de sorte que ce qui étoit file deviendra rang. Les autres files suivantes exécuteront les mêmes choses ; ainsi celle de la droite de la Compagnie des Grenadiers, & celle de la gauche du Piquet fermeront la marche, & les Tambours battans aux champs, feront l'Arriere-Garde.

Il est à remarquer que par cette methode, aussi facile que simple, l'ordre ordinaire des Compagnies se trouve conservé, & qu'il n'y a aucune partie du Bataillon qui soit mêlée ny dérangée de sa place habituelle.

Lorsque le Bataillon aura passé le défilé, le Major fera le Commandement qui suit.

Alte.

A ce Commandement, le Bataillon en colomne ayant ſes files & ſes rangs ſerrez, fera Alte.

On remarquera aiſément icy que les Officiers, les Sergens, les Caporaux & les Chefs de files qui compoſent la principale force du Bataillon, ſe trouvent naturellement placez ſur les flancs droit & gauche; de ſorte que s'ils étoient atta-quez, ils ſeroient d'autant plus en état de reſiſter, qu'ils ſeroient fortifiez par la hauteur du Batail-lon, qui ſe trouve doublé.

Pour déployer le Bataillon & le re-mettre en Bataille.

Le Major commandera en ces termes :

Que les dix files du centre ne bougent.

Je parle au reſte du Bataillon.

Les premier & ſecond Commandemens ne ſerviront que d'avertiſſement.

A droit & à gauche.

Au troiſiéme, le demy rang de la droite fera à droit, le demy rang de la gauche fera à gauche.

A droit & à gauche par demy rang formez le Bataillon.

Le quatriéme n'eſt que pour avertir.

Marche.

Au cinquiéme, la droite du demy rang de la

droite marchera, & la gauche foûtiendra en
s'aprochant petit à petit de la droite des dix files
du centre, de façon que les rangs fe rejoignent :
De même, la gauche du demy rang de la gauche
marchera, & la droite foûtiendra en s'aprochant
infenfiblement de la gauche des dix files du
centre, afin que les rangs fe rejoignent & achevent
de former le Bataillon.

Alte.

Au fixiéme, le Bataillon fera Alte.

Par cette Evolution, le Bataillon fe réforme
en Bataille dans fon ordre naturel, dont il n'eft
jamais forty.

On peut faire former la Colomne de la même
maniere : la feule difference qu'on peut y aporter,
c'eft de mettre les Grenadiers à la tête, comme
une Troupe d'élite fur laquelle on peut le plus
compter lors qu'il eft queftion de charger les
Ennemis pour les enfoncer.

Et comme un Bataillon eft trop foible pour
faire l'effort neceffaire en pareil cas, on peut en
difpofer deux dans le même ordre à côté l'un de
l'autre, en les mettant à huit de hauteur, &
faifant faire la Contremarche par rangs au Bataillon de la droite, avant de leur faire former la
Colomne, dont les deux Compagnies de Grenadiers auront la tête.

Cette façon de former la Colomne ne détruit
point celle de la former par divifions redoublées
& foûtenuës les unes par les autres : il eft bon

de ſçavoir mettre en pratique l'une & l'autre methode.

AUTRE MANIERE DE PASSER
un Défilé.

LEs rangs du Bataillon ſerrez à la pointe de l'Epée, & le Défilé déſigné par deux hayes de Sergens, on fera marcher la Compagnie de Grenadiers juſqu'au centre du front du Bataillon, qui paſſera la premiere le Défilé, & qui ſera ſuivie par les dix files du centre ; en même temps l'on fera faire à gauche au reſte du demy rang de la droite, & à droit au reſte du demy rang de la gauche, leſquels marcheront l'un à l'autre : à meſure qu'ils ſe joindront, les quatre premieres files de chaque côté ſe remettront, celles de la droite en faiſant à droit, celles de la gauche en faiſant à gauche, & elles ſuivront les dix files du centre : le reſte du Bataillon entrera de même dans la Colomne, & ſuivra dans le Défilé ; au ſortir duquel, la Compagnie de Grenadiers qui formera la tête de la Colomne, ira faire Alte à environ trente pas ; le centre du Bataillon fera Alte derriere elle, & les cinq files tant du demy rang de la droite que du demy rang de la gauche, qui ſe ſont jointes, ſe ſepareront pour aller ſe mettre diligemment en Bataille, les unes ſur la droite, les autres ſur la gauche de leur centre. Le

reſte du Bataillon ſe déployera de la même
maniere.

Le Bataillon étant formé, la Compagnie de
Grenadiers fera à droit pour aller ſe mettre à ſa
droite dudit Bataillon.

Cette Evolution eſt la repreſentation en petit
de la meilleure methode qu'on puiſſe pratiquer
pour ſe mettre en Bataille au-delà d'un Défilé.

ARTICLE X.

DV BATAILLON QUARRE'.

IL y a trois ſortes de Bataillons quarrez.
Le quarré plein, le quarré à centre vuide, &
le parallelograme ou quarré long.

On ne peut gueres faire uſage du quarré plein,
que pour un Corps de ſix à ſept cens hommes;
dés qu'il eſt plus nombreux, ſa peſanteur le rend
défectueux, étant preſque impoſſible de le faire
mouvoir ſans que la confuſion ne s'y mette;
d'ailleurs, tout ce qui ſe trouve dans le centre
devient inutile, ne pouvant ſe ſervir de ſon feu.

Le quarré à centre vuide paroît meilleur pour
un Corps conſiderable, ſur tout lorſque l'on a de
l'Artillerie, des Bagages & des Bleſſez à conſer-
ver; mais il faut luy donner la hauteur convenable
au feu qu'il doit faire, celle de ſix files peut ſuffire
pour un Corps de ſix à ſept cens hommes, & celle
de huit files au moins pour un plus nombreux.

Le parallelograme ou quarré long eſt ſouvent preferable à ces deux premiers , pour faire une Retraite , principalement lorſque le Païs n'eſt pas fort ouvert ; la tête & la queuë du quarré long ayant peu d'étenduë , flottent moins , & le Corps marche plus legerement.

Le quarré long à centre vuide ne diffère du plein que dans l'eſpace qu'on laiſſe dans le centre de la double Colomne , afin d'y placer de l'Artillerie , des Bagages , &c. Ainſi il n'y a qu'à fermer le vuide de la tête & celuy de la queuë avec des Compagnies de Grenadiers ou des Piquets.

Pour former un Bataillon quarré à centre plein avec un Bataillon de ſix à ſept cens hommes.

IL faut faire rentrer le Piquet dans les Compagnies , mettre le Bataillon à ſix de hauteur , & le faire rompre à droit par quart de rang , pour le mettre en Colomne ; enſuite l'on en fera ſerrer les diviſions & les rangs à la pointe de l'Epée , & l'on fera faire la Contremarche par files à la derniere diviſion , afin de placer les Officiers & les premiers rangs en dehors.

En même temps , la Compagnie des Grenadiers ſe partagera en quatre pelotons , & chaque peloton ira ſe poſter à chaque Angle pour y former une eſpece de petit Baſtion , en y faiſant à droit & à gauche ; alors les Officiers des deux quarts de rangs du centre , à l'exception des Drapeaux , ſe

partageront pour paſſer & s'étendre de chaque
côté ſur leur flanc devenu face, & l'on fera faire
face en dehors aux quatre Parties, depuis le centre
juſques aux extrêmitez du Bataillon.

Pour former le Bataillon quarré centre vuide.

Marchant en Colomne par quarts de rangs, la Compagnie de Grenadiers & le Piquet non compris.

Cette Evolution ſe fait tout ſimplement en
emboëtant les quarts de rangs les uns dans les
autres, ainſi qu'il va être expliqué.

On obſervera en marchant en colomne, de
tenir la diſtance d'un quart de rang à l'autre
auſſi éloignée qu'il aura de front, afin de pouvoir former le Bataillon quarré avec juſteſſe.

Lors qu'on voudra faire former le Bataillon
quarré, le Major fera faire alte, & commandera en ces termes:

Prenez garde à vous Bataillon pour faire le Bataillon quarré.

Par quart de rang formez le Bataillon quarré.

Les premier & ſecond Commandemens ne
ſerviront que d'avertiſſement.

Marche.

Au troisiéme, le second quart de rang fera un quart de Conversion à gauche; alors le premier quart de rang fera demy tour à droit, & marchera six pas en arriere pour emboëter sa gauche derriere la droite du second quart de rang, ensuite il fera demy tour à droit pour faire face en dehors; le troisiéme quart de rang marchera devant luy, jusqu'à ce qu'il se soit aproché à environ six pas de la gauche du second quart de rang; y étant arrivé, il fera un quart de Conversion à droit, pour emboëter sa gauche derriere la droite du premier quart de rang; le quatriéme quart de rang marchera en avant jusqu'à ce qu'il se soit joint au second, & qu'il ait emboëté sa droite derriere celle du troisiéme quart de rang, & il fera la Contremarche par files pour mettre ses premiers rangs en dehors & y faire face; en même temps la Compagnie de Grenadiers se partagera en deux, pour aller diligemment former des pelotons en dedans des Angles, rentrans des premier & second quarts de rang; le Piquet fera la même chose, pour aller former des pelotons en dedans des Angles, rentrans des troisiéme & quatriéme quarts de rangs où ils feront à droit & à gauche, afin de fortifier les Angles, & même de se porter au besoin dans les endroits les plus foibles; à ce même troisiéme Commandement, le Commandant avec les Drapeaux & les Tambours passeront dans le centre.

Pour faire rompre le Bataillon quarré & le remettre en colomne.

Le Major commandera en ces termes :

Prenez garde à vous Bataillon pour vous remettre en Colomne.

Par quart de rang rompez le Bataillon quarré.

Le premier & le second Commandement ne feront que pour avertir.

Marche.

Au troisiéme, la Compagnie de Grenadiers se rejoindra promptement, & formera ses rangs en avant du premier quart de rang ; elle marchera lentement & sera suivie du premier quart de rang ; le second & le troisiéme quart de rang feront demy tour à droit, le second fera un quart de Conversion à droit, & ensuite il se remettra par un demy tour à gauche pour reprendre son Poste dans la Colomne & suivre le premier quart de rang : alors le quatriéme quart de rang marchera six pas devant luy pour faire place au troisiéme, qui fera un quart de Conversion à gauche ; dés que le second quart de rang luy aura cedé le terrain necessaire, son quart de Conversion achevé, il se remettra par un demy tour à gauche, & suivra le second quart de rang : le quatriéme quart de rang fera la Contremarche par files, & fuivra le troifiéme, & le Piquet fe réunira pour faire l'arriere-garde; en même-temps; le Commandant, les Drapeaux & les Tambours battant aux champs, reprendront leurs Poftes ordinaires, & les quarts de rangs fe remettront infenfiblement en marchant fur l'allignement du premier quart de rang.

Autre maniere de former de pied ferme un Bataillon quarré.

Le Bataillon étant en Bataille fur fix rangs de hauteur, on le fera marquer par demy quarts de rangs, non compris la Compagnie de Grenadiers ny le Piquet; enfuite on joindra au premier demy quart de rang de la droite, trois files du fecond demy quart de rang; au quatriéme, trois files du troifiéme, au cinquiéme, trois files du fixiéme, & au huitiéme, trois files du feptiéme demy quart de rang. On obfervera de faire marquer ces trois files qui auront été jointes, d'un demy quart de rang à l'autre, ainfi qu'il vient d'être expliqué, par des Sergens.

Pour former le Bataillon quarré.

On fera les Commandemens fuivans.

Que la divifion du centre ne bouge.

Le premier Commandement ne fert que d'avertiffement pour les deux demy quarts de rangs du centre, y compris les trois files qui ont été jointes de chaque côté.

Demy tour à droit.

Au second, tout le reste du Bataillon doit faire demy tour à droit.

A droit & à gauche formez le Bataillon quarré.

Le troisiéme ne sert que pour avertir.

Marche.

Au quatriéme, les divisions de la droite feront un quart de Conversion à droit, celles de la gauche en feront un à gauche : ces quarts de Conversion achevez, les second, trois, six & septiéme demy quarts de rangs, entreront d'environ six pas derriere la droite & la gauche de la division du centre qui n'aura pas bougé : alors le premier & le huitiéme demy quart de rang, y compris les trois files qui auront été jointes à chacun, feront un autre quart de Conversion à droit & à gauche, pour achever le Bataillon quarré : en même-temps, la Compagnie de Grenadiers & le Piquet se partageront en deux, & iront d'un pas leger former quatre pelotons aux Angles rentrans du Bataillon. A ce même Commandement, le Commandant, les Officiers-Majors, avec les Drapeaux & les Tambours, entreront dans le centre du Bataillon.

Face

Face de tous côtez.

Au cinquiéme Commandement, les divisions qui ont formé le Bataillon quarré, feront demy tour à droit; & les pelotons des Grenadiers & du Piquet, feront à droit & à gauche, afin de faire face de tous côtez.

OBSERVATIONS

Sur cette Evolution.

LA simplicité de cette Evolution, par laquelle on évite toutes sortes de calculs, fera aisément comprendre que l'augmentation des trois files jointes à chaque demy quart de rang du centre, & à ceux de la droite & de la gauche, qui leur deviennent oposez, est ce qui remplit naturellement les Angles; & que pour lors, ce qui étoit rang devient file.

La même operation se fera aussi facilement avec des Bataillons à quatre, à cinq, à sept & à nuit de hauteur, en observant les choses suivantes.

Que pour un Bataillon à quatre de hauteur, on augmentera les mêmes demy quarts de rangs de deux files.

Que pour un Bataillon à cinq de hauteur, on augmentera les mêmes demy quarts de rangs alternativement de deux & de trois files; c'est-à-dire, qu'on augmentera le premier demy quart de rang de la droite de trois files; le quatriéme de deux, le cinquiéme de trois, & le huitiéme de deux.

Que pour un Bataillon à sept de hauteur, il faut augmenter les mêmes demy quarts de rangs alternativement comme au précedent, de quatre & de trois files.

Et que pour un Bataillon à huit de hauteur, l'augmentation des mêmes demy quarts de rangs, sera egale de quatre files à chacun.

Quoyque cette methode soit bonne, celle d'emboëter tout simplement les divisions, ainsi qu'il a été précedemment expliqué, paroît la plus courte, la plus aisée & la meilleure.

Pour faire marcher le Bataillon quarré, l'on avertira de quel côté l'on voudra diriger la marche; les faces des flancs feront à droit & à gauche, & celle qui devra faire l'arriere-garde demy tour à droit.

Lorsque le Commandant voudra faire marcher, il ordonnera aux Tambours de battre aux champs; quand il voudra faire faire alte, il fera cesser les Tambours de battre; alors tout le monde fera alte & les faces se remettront, afin de faire face en dehors.

On observera de marcher lentement & serré.

Pour faire rompre le Bataillon quarré & le remettre en Bataille.

On fera les Commandemens suivans.

A droit & à gauche par divisions des aîles, remettez-vous en Bataille.

Marche.

Au Commandement de *MARCHE*, les divisions qui ont formé le Bataillon quarré, feront la Converſion à droit & à gauche, pour ſe remettre en Bataille; celles des aîles qui auront un quart de Converſion de plus à faire, obſerveront de marcher d'un pas plus vif que les autres, qui modereront leur marche pour ſe joindre peu à peu à la diviſion du centre, qui ne doit pas remuer.

A ce même Commandement, les pelotons des Grenadiers & du Piquet, ſe rejoindront & iront diligemment ſe placer à leur Poſte, tant à la droite qu'à la gauche: Les Drapeaux avec le Commandant, paſſeront à la tête de la diviſion du centre; & les Tambours battans au Drapeau, iront reprendre leur Poſte, & ils ceſſeront de battre lors que le Bataillon ſera reformé, & que le Major en fera le ſignal.

Hüj

REGLE GENERALE
Pour former un Bataillon quarré avec un Corps composé de plusieurs Bataillons, en quelque nombre qu'ils soient.

LOrs qu'on voudra former un Bataillon quarré avec plusieurs Bataillons, on mettra chaque Bataillon sur six ou huit files de hauteur, selon que le nombre de Bataillons sera plus ou moins grand, afin de donner au Bataillon quarré l'épaisseur proportionnée à sa force.

Si le nombre de Bataillons est pair, le quarré se formera naturellement par demy Bataillons, ou par Bataillons entiers.

Si le nombre est impair, chaque Bataillon étant composé de quatre quarts de rangs, chaque face du Bataillon quarré sera formée d'autant de quarts de rangs qu'il y aura de Bataillons dans ce Corps d'Infanterie.

C'est-à-dire, un Corps de trois Bataillons aura douze quarts de rangs ; par conséquent chaque face sera de trois quarts de rangs.

Un de cinq Bataillons formant vingt quarts de rangs, chaque face sera de cinq quarts de rangs.

Un de sept faisant vingt-huit quarts de rangs, chaque face sera de sept quarts de rangs.

Un de neuf composé de trente-six quarts de rangs, chaque face sera de neuf quarts de rangs.

Cette Regle sera la même pour un Corps plus considerable.

On ne comprendra jamais les Compagnies de Grenadiers ny les Piquets dans les quarts de rangs de chaque Bataillon, on en composera des pelotons que l'on mettra aux angles rentrans du Bataillon quarré. Les Compagnies de Grenadiers & les Piquets qui n'y seront pas employez, seront placez le long des Courtines en dedans, pour les porter & s'en servir selon que le besoin le requerera.

On observera d'emboëter chaque face l'une dans l'autre, cette methode étant la plus facile & la plus naturelle.

ARTICLE XI.

MANIERE DE FORMER
la Colomne.

UN Bataillon étant en Bataille à cinq de hauteur pour en former une Colomne, il faut que le Piquet rentre au Bataillon ; & que de cinq de hauteur où l'on est, on se mette sur dix : Alors le Major commandera :

Que les six Compagnies du centre ne bougent.

Je parle aux cinq de la droite, aux cinq de la gauche & à la Compagnie de Grenadiers.

Demy tour à droit.

A droit & à gauche faites un quart de Conversion.

Marche.

Ce qu'elles continuëront de faire jusqu'à un pas de distance.

Remettez-vous.

La Colomne sera alors formée.

Mais il faudra que la Compagnie de Grenadiers fasse à droit un quart de Conversion pour s'adosser à la Colomne, en laissant deux pas de distance, en même temps que ce qui forme la Colomne se remet.

Si le Bataillon a sa Compagnie de Grenadiers sur sa gauche, il faudra qu'elle fasse à gauche son quart de Conversion pour s'adosser à la Colomne.

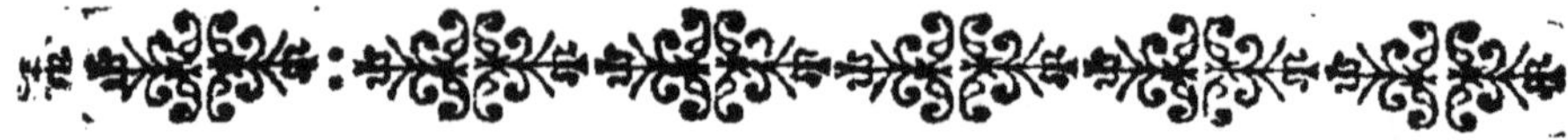

AUTRES ARTICLES.

QU'IL EST BON QUE CHAQUE Corps sçache faire en particulier ; mais qui ne feront point exécutez dans les Camps.

I Des Doublemens tant par Files que par Rangs, & de la Contremarche par Files.

ON fera pratiquer fouvent ces Evolutions ; elles accoûtument les Soldats non feulement à fe mettre d'eux-mêmes à leur chef de file & à s'alligner dans leur rang, mais encore à prêter attention & à obferver le filence fi neceffaire en toute occafion ; d'ailleurs, il y a une infinité de Mouvemens dans l'exécution defquels on s'en fervira utilement.

Des Doublemens par Files.

CHaque Bataillon fera en Bataille fur quatre rangs de hauteur : on en fera ouvrir les files à un pas de diftance, foit par la droite, foit par la gauche, foit en faifant à droit & à gauche, depuis le centre, selon que la difpofition du terrain le demandera : Alors un Sergent marquera de la droite à la gauche, les files qui devront doubler à droite, & celles qui ne doivent pas bouger : Il obfervera pour cet effet d'avertir la premiere file de la droite, qu'elle ne bougera ; la feconde, qu'elle doublera ; la troifiéme, qu'elle ne bougera, la quatriéme, qu'elle doublera, & ainfi alternativement des autres.

On ne doublera jamais les files en avant, à caufe que cela dérangeroit le front du Bataillon qui doit être occupé par les Officiers. Les Sergens refteront aux aîles des rangs & à la feparation des divifions où ils fe trouveront poftez.

Pour faire doubler les Files de gauche à droit.

Toutes les files averties, le Major commandera en ces termes :

Files qui devez doubler prenez garde à vous.

Le premier Commandement n'eft que pour avertir & faire prêter attention.

A droit doublez vos files.

Au fecond, les files qui doivent doubler feront à droit.

Marche.

Au troisiéme, elles partiront pour aller gagner le milieu de l'intervale des autres files, où elles s'arrêteront.

A gauche.

Au quatriéme, elles feront à gauche, s'alligneront & se dresseront insensiblement à leur chef de file.

Pour faire remettre les Files.

Remettez vos files.

Le cinquiéme ne sert que d'avertissement.

Marche.

Au sixiéme, les files qui auront doublé partiront ensemble; & en se jettant un peu sur leur gauche, elles iront reprendre leurs places.

Pour faire doubler les Files de droit à gauche.

On se servira des Commandemens suivans.

Que les files qui ont doublé ne bougent.

Le premier Commandement n'est que pour avertir.

A gauche doublez vos files.

Au second, les files qui n'ont pas bougé, & qui doivent doubler, feront à gauche.

Marche.

Au troisiéme, elles partiront pour aller gagner le milieu de l'intervale des autres files, où elles s'arrêteront.

A droit.

Au quatriéme, elles feront à droit, s'alligneront & se dresseront insensiblement à leur chef de file.

Pour faire remettre les Files.

Remettez vos files.

Le cinquiéme ne sert que d'avertissement.

Marche.

Au sixiéme, les files qui auront doublé partiront ensemble; & en se jettant un peu sur leur droite, elles iront reprendre leurs places.

Des Doublemens de Files par demy rangs & par quarts de rangs.

POur faire doubler les files par le demy rang de la gauche sur le demy rang de la droite, on commandera en ces termes :

Prenez garde à vous demy rang pour doubler vos files.

Que le demy rang de la droite ne bouge.

Le premier & le fecond Commandement ne font que pour avertir.

A droit par demy rang de la gauche doublez vos files fur le demy rang de la droite.

Au troifiéme, le demy rang de la gauche fera à droit.

Marche.

Au quatriéme, il partira : Les files fe jetteront un peu fur leur droite, afin de paffer par les inter-vales des rangs, obfervant de marcher lentement d'un pas égal, de garder leurs diftances, & de s'arrêter dans le terrain qui leur eft deftiné ; c'eft-à-dire, que la premiere file de la droite du demy rang de la gauche, ira fe doubler fur la premiere de la droite du demy rang de la droite ; la feconde, fur la feconde, & ainfi des autres, ce qu'elles remarqueront facilement les unes aprés les autres.

A gauche.

Au cinquiéme, elles feront à gauche.

Pour faire dédoubler les Files.

Remettez vos files.

Au sixiéme, les files qui ont doublé feront à gauche.

Marche.

Au septiéme, elles partiront ensemble, & se jetteront un peu sur leur droite en sortant du demy rang de la droite, afin de se mettre dans l'allignement, & aux places qu'elles occupoient, où elles feront Alte.

A droit.

Au huitiéme, elles feront à droit.

Pour faire doubler les Files par le demy rang de la droite sur le demy rang de la gauche.

Le demy rang de la droite exécutera sur celuy de la gauche, ce que celuy cy a pratiqué sur le demy rang de la droite; ainsi ce que l'on a fait par la droite, l'autre le fera par la gauche, en conformité des Commandemens suivans.

Que le demy rang de la gauche ne bouge.

l gauche par demy rang de la droite doublez vos files sur le demy rang de la gauche.

Marche.

A droit.

Pour faire dédoubler les Files.

Remettez vos files.

Marche.

A gauche.

Pour faire doubler les files à droit & à gauche, par les quarts de rangs des aîles sur les quarts de rangs du centre.

Les Sergens postez au centre pour partager le demy rang, montreront aux files droites & gauches des quarts de rangs qui doivent doubler, les places qu'elles doivent occuper ; les quarts de rangs marquez ; tout le monde averty, le Major commandera en ces termes :

Prenez garde à vous quarts de rangs des aîles pour doubler vos files.

Que les quarts de rangs du centre ne bougent.

A droit & à gauche par quarts de rangs des aîles, doublez vos files sur les quarts de rangs du centre.

Marche.

A droit & à gauche.

Remettez vos files.

Marche.

A droit & à gauche.

Cette Evolution s'exécutera en même-temps par les quarts des rangs des aîles, à droit & à gauche sur le centre, comme les demy rangs l'ont pratiqué separément l'un sur l'autre ; ainsi il n'est pas besoin d'une plus ample explication.

Cette Evolution exécutée, l'on fera doubler les files des quarts de rangs du centre sur celles des quarts de rangs des aîles, par les Commandemens suivans.

Que les quarts de rangs des aîles ne bougent.

Adroit & à gauche par quarts de rangs du centre doublez vos files fur les quarts de rangs des aîles.

Marche.

A droit & à gauche.

Cette Evolution eft le contraire de la précedente.

Remettez vos files.

Marche.

A droit & à gauche.

Les Officiers & les Sergens des demy rangs & des quarts de rangs, feront les mêmes mouvemens que ceux que leur divifion fera. Les Officiers pafferont derriere ceux des divifions qui ne bougeront, fe partageront & s'alligneront avec eux; Sçavoir, les Capitaines dans le rang des Capitaines, les Lieutenans, Sous-Lieutenans & Enfeignes, dans le rang des Lieutenans, &c. les Sergens marcheront dans le rang des Soldats, & fe doubleront derriere les Sergens des diviſions qui n'auront pas bougé. On obſervera ſeulement de laiſſer des Sergens aux aîles des rangs & au demy rang, afin de marquer aux files les places qu'elles doivent reprendre.

Des Doublemens par rangs.

Pour faire doubler les ſecond & quatriéme rangs en avant ſur la droite de leurs Chefs de files.

ON fera les Commandemens ſuivans.

Que les premier & troiſiéme rangs ne bougent.

A droit par ſecond & quatriéme rangs doublez-vous en avant.

Les premier & ſecond Commandemens ne ſont que pour avertir.

Marche.

Au troiſiéme, les Soldats du ſecond & du quatriéme rang partiront enſemble pour aller doubler leurs rangs ſur la droite des Chefs de files du premier & des Chefs demy files du troiſiéme rang, où ils s'arrêteront & ſe dreſſeront;

...ront ; c'eſt-à-dire, que le ſecond rang doublera dans le premier, & le quatriéme dans le troi-ſiéme.

Rangs remettez-vous.

Au quatriéme, les Soldats qui ont doublé obſerveront de peſer ſur leurs croſſes, & de faire demy tour à droit.

Marche.

Au cinquiéme, ils partiront enſemble du pied gauche, pour aller reprendre leurs places, & ſe jettant inſenſiblement en marchant ſur leur droite, afin de placer en arrivant leur talon gauche dans l'endroit où il étoit auparavant.

Remettez-vous.

Au ſixiéme, ils feront demy tour à droit, afin de faire face à la tête.

Pour faire doubler ſur la gauche des Chefs de files, & des Chefs demy files, les mêmes rangs en avant.

On obſervera les mêmes attentions cy-devant expliquées ; c'eſt-à-dire, que les ſecond & quatriéme rangs exécuteront ſur la gauche de leurs Chefs de files & de leurs Chefs demy-files, ce qu'ils auront pratiqué ſur leur droite, confor-mément aux Commandemens ſuivans.

I

A gauche par second & quatriéme rangs doublez-vous en avant.

Marche.

Rangs remettez-vous.

Marche.

Remettez-vous.

Pour faire doubler les rangs sur la droite en arriere par ceux qui n'ont pas doublé.

On commandera en ces termes :

Que les rangs qui ont doublé ne bougent.

Le premier Commandement n'est que pour avertir.

Demy tour à droit par premier & troisiéme rangs doublez-vous en arriere.

Au second, les premier & troisiéme rangs feront demy tour à droit.

Marche.

Au troisiéme, ils partiront ensemble marchant lentement, la gauche se réglant sur la droite, chaque file ira doubler sur la droite de celle qui sera vis-à-vis d'elle ; de sorte que le premier se trouvera doublé dans le second, & le troisiéme dans le quatriéme.

Demy tour à gauche.

Au quatriéme, ils feront demy tour à gauche, afin d'éviter le cliquetis des Armes, & de faire face à la tête.

Rangs remettez-vous.

Le cinquiéme ne sert que d'avertissement.

Marche.

Au sixiéme, les deux rangs qui ont doublé partiront ensemble, se jettant un peu sur leur gauche en marchant, pour aller reprendre leurs mêmes places, où ils s'arrêteront sans Commandement.

Pour faire doubler sur la gauche en arriere les mêmes rangs.

Ils exécuteront sur la gauche ce qu'ils ont pratiqué sur la droite, par les Commandemens suivans.

Demy tour à gauche par premier & troisiéme rang doublez-vous en arriere.

Marche.

Demy tour à gauche.

Rangs remettez-vous.

Marche.

A ce dernier Commandement, les deux rangs qui ont doublé obſerveront de ſe jetter un peu ſur leur droite en marchant, pour aller reprendre leurs places.

De la Contremarche par files.

Pour faire la Contremarche à droit par files.

ON commandera en ces termes :

Files prenez garde à vous pour faire la Contremarche.

Le premier Commandement n'eſt que pour avertir.

A droit par files faites la Contremarche.

Au ſecond, les Officiers & les Chefs de files

ſeront demy tour à droit en tournant ſur le talon droit.

Marche.

Au troiſiéme, les Officiers & toutes les files partiront du pied gauche, les Officiers prendront la tête des Chefs de files qui les ſuivront, marchant d'un pas égal & obſervant de s'alligner ſur leur droite.

Lorſque les files du ſecond rang ſeront arrivées ſur le terrain qu'occupoient les Chefs de files, elles jetteront un coup d'œil ſur leur droite pour faire enſemble demy tour à droit ſur le talon droit, afin de ſuivre leurs Chefs de files : Les files du troiſiéme rang exécuteront enſuite les mêmes choſes, ainſi que celles du quatriéme, qui reſteront ſur le terrain qu'occupoient les Chefs de files, aprés avoir fait demy tour à droit ſur le talon gauche.

Les files des premier, ſecond & troiſiéme rangs obſerveront de ſe jetter un peu ſur leur droite en aprochant des places où elles doivent ſe mettre.

Les Chefs de files arrivez ſur le terrain qu'occupoit le dernier rang, y feront alte.

Le ſecond rang fera de même alte ſur le terrain qu'occupoit le troiſiéme, & le troiſiéme ſur celuy du ſecond.

Comme les Sergens feront partie des files, ils exécuteront les mêmes mouvemens qu'elles pratiqueront.

Les Officiers feront en même-temps alte, &
s'alligneront dans leur diſtance ordinaire. Par
cette Evolution, le Bataillon aura porté bruſquement ſa tête où il avoit la queuë.

Pour faire la Contremarche à gauche par file.

On obſervera les mêmes attentions cy-devant
détaillées, à l'exception que les files qui ont
fait demy tour à droit ſur le talon droit,
feront demy tour à gauche ſur le talon gauche; que les ſerrefiles feront demy tour à
gauche ſur le talon droit, & que les autres
files ſe jetteront un peu ſur leur gauche en
aprochant des places où elles doivent s'arrêter.

On fera les Commandemens en ces termes:

*Files prenez garde à vous pour faire
la Contremarche.*

*A gauche par files faites la
Contremarche.*

Marche.

Par cette Evolution, les Officiers, les Sergens & les Files, reprendront leurs Poſtes
ordinaires.

La Contremarche se fait bien mieux à files & rangs ouverts, que lors qu'ils sont serrez, neanmoins cela dépend de l'habitude; car un Régiment bien exercé fera facilement cette Evolution à files & rangs serrez. Pour y parvenir, il faut que les Soldats ayent leur Fusil sur le bras gauche, & qu'ils se tournent de côté en passant les uns contre les autres: ils trouveront par ce moyen une place suffisante.

F I N.